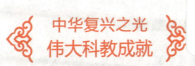

中华复兴之光
伟大科教成就

君子必修课目

周丽霞 主编

汕头大学出版社

图书在版编目（CIP）数据

君子必修课目 / 周丽霞主编. -- 汕头 ：汕头大学
出版社，2016.3（2023.8重印）
　　（伟大科教成就）
　　ISBN 978-7-5658-2443-2

　　Ⅰ．①君… Ⅱ．①周… Ⅲ．①中华文化—通俗读物
Ⅳ．①K203-49

中国版本图书馆CIP数据核字(2016)第043966号

君子必修课目　　　　　　　　JUNZI BIXIU KEMU

主　　编：周丽霞
责任编辑：任　维
责任技编：黄东生
封面设计：大华文苑
出版发行：汕头大学出版社
　　　　　广东省汕头市大学路243号汕头大学校园内　邮政编码：515063
电　　话：0754-82904613
印　　刷：三河市嵩川印刷有限公司
开　　本：690mm×960mm 1/16
印　　张：8
字　　数：98千字
版　　次：2016年3月第1版
印　　次：2023年8月第4次印刷
定　　价：39.80元
ISBN 978-7-5658-2443-2

前言

党的十八大报告指出："把生态文明建设放在突出地位，融入经济建设、政治建设、文化建设、社会建设各方面和全过程，努力建设美丽中国，实现中华民族永续发展。"

可见，美丽中国，是环境之美、时代之美、生活之美、社会之美、百姓之美的总和。生态文明与美丽中国紧密相连，建设美丽中国，其核心就是要按照生态文明要求，通过生态、经济、政治、文化以及社会建设，实现生态良好、经济繁荣、政治和谐以及人民幸福。

悠久的中华文明历史，从来就蕴含着深刻的发展智慧，其中一个重要特征就是强调人与自然的和谐统一，就是把我们人类看作自然世界的和谐组成部分。在新的时期，我们提出尊重自然、顺应自然、保护自然，这是对中华文明的大力弘扬，我们要用勤劳智慧的双手建设美丽中国，实现我们民族永续发展的中国梦想。

因此，美丽中国不仅表现在江山如此多娇方面，更表现在丰富的大美文化内涵方面。中华大地孕育了中华文化，中华文化是中华大地之魂，二者完美地结合，铸就了真正的美丽中国。中华文化源远流长，滚滚黄河、滔滔长江，是最直接的源头。这两大文化浪涛经过千百年冲刷洗礼和不断交流、融合以及沉淀，最终形成了求同存异、兼收并蓄的最辉煌最灿烂的中华文明。

五千年来，薪火相传，一脉相承，伟大的中华文化是世界上唯一绵延不绝而从没中断的古老文化，并始终充满了生机与活力，其根本的原因在于具有强大的包容性和广博性，并充分展现了顽强的生命力和神奇的文化奇观。中华文化的力量，已经深深熔铸到我们的生命力、创造力和凝聚力中，是我们民族的基因。中华民族的精神，也已深深植根于绵延数千年的优秀文化传统之中，是我们的根和魂。

　　中国文化博大精深，是中华各族人民五千年来创造、传承下来的物质文明和精神文明的总和，其内容包罗万象，浩若星汉，具有很强文化纵深，蕴含丰富宝藏。传承和弘扬优秀民族文化传统，保护民族文化遗产，建设更加优秀的新的中华文化，这是建设美丽中国的根本。

　　总之，要建设美丽的中国，实现中华文化伟大复兴，首先要站在传统文化前沿，薪火相传，一脉相承，宏扬和发展五千年来优秀的、光明的、先进的、科学的、文明的和自豪的文化，融合古今中外一切文化精华，构建具有中国特色的现代民族文化，向世界和未来展示中华民族的文化力量、文化价值与文化风采，让美丽中国更加辉煌出彩。

　　为此，在有关部门和专家指导下，我们收集整理了大量古今资料和最新研究成果，特别编撰了本套大型丛书。主要包括万里锦绣河山、悠久文明历史、独特地域风采、深厚建筑古蕴、名胜古迹奇观、珍贵物宝天华、博大精深汉语、千秋辉煌美术、绝美歌舞戏剧、淳朴民风习俗等，充分显示了美丽中国的中华民族厚重文化底蕴和强大民族凝聚力，具有极强系统性、广博性和规模性。

　　本套丛书唯美展现，美不胜收，语言通俗，图文并茂，形象直观，古风古雅，具有很强可读性、欣赏性和知识性，能够让广大读者全面感受到美丽中国丰富内涵的方方面面，能够增强民族自尊心和文化自豪感，并能很好继承和弘扬中华文化，创造未来中国特色的先进民族文化，引领中华民族走向伟大复兴，实现建设美丽中国的伟大梦想。

目 录

四艺之琴

　　琴是我国最古老的弹拨乐器，它的历史几乎和中华文明一样悠久。古代乐师们通过对操琴技艺的把握和对于琴曲的反复研究，让学琴的学生找到音乐本身的乐感和韵致，然后再让他们体会到音乐的境界。

　　古代乐师经常用"打谱"来教学生弹琴，但"打谱"并不是一件容易的事，它不是一种有格式的工作。因为那些古代琴师无私的教学，他们优美的心灵借此而得以不朽。当一首在发黄的古籍中沉寂了千百年的乐曲再一次鸣响并得到认同时，人们就能够感受到一种神奇的力量。

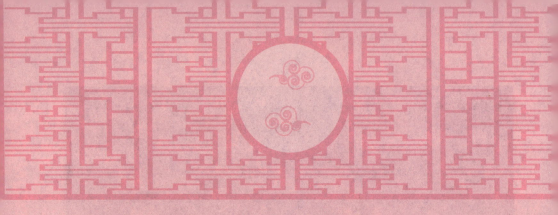

古人教琴的几种传世琴谱

那是在我国的春秋时期，著名的大圣人孔子曾经向当时著名的乐师师襄子学琴。孔子跟师襄子学了十天仍然没有学习新曲子，但他一点儿也不着急。这时，老师师襄子却说："现在可以了，你应该增加学习内容，该学一些新的曲子了。"

孔子却说："我已经熟悉了乐曲的形式，但我还没有掌握操琴的方法。"

过了一段时间，师襄子催促孔子说："你已经会操琴弹奏的技巧，现在可以增加学习内容了。"

孔子婉拒说："还是再等一下吧！我

还没有领会曲子的意境。"

又过了一段时间，师襄子说："你已经领会了曲子的意境，可以增加学习内容了。"

孔子说："我还不了解曲目作者的心境，还是再等等吧。"

后来，孔子学琴的表情越发肃然，他仿佛进到新的境界，时而庄重穆然，若有所思，时而怡然高望，志意深远。

这时孔子才真正领悟到了琴曲的奥妙之处，他弹奏着上古时期的一首佚名琴曲，他弹完后说："我知道作者是谁了，那个人皮肤深黑，体形颀长，眼光明亮远大，像个统治四方诸侯的王者，若不是周文王还有谁能作这首乐曲呢？"

师襄子听到后非常惊讶，赶紧起身拜孔子说："我的老师也认为这首传世的曲谱是周文王写的，但是以我的境界却听不出来。"

这事过了以后没多久，孔子又一次在郊野弹琴，天上的鸟儿会随

着乐声而舞，鱼儿跃出水面倾听。当孔子叩击商弦弹奏南吕调时，凉风突起，草木都结出了果实；当孔子叩击角弦弹奏夹钟调时，和风徐徐地吹起。

最后一曲将终时，孔子则是以宫弦为主与其他四弦一并奏起。这时吹来了和丽的风，天空中飘着吉祥的云朵，并降下了甘露，地下涌出了清清的泉水。

师襄子再拜孔子说："你的弹奏真是妙啊！看来我远远比不上你啊！我得挟琴执管向你学琴了。"

在我国古代，弹琴、弈棋、书法、绘画都是古代君子们修身养性所必须掌握的技能，所以这四样艺术被人们合称为"琴棋书画"，也多表示古代个人的文化素养。

"琴棋书画"中的琴，据文献记载，是由上古时期的伏羲氏发明的，琴一般是由梧桐木制成的，多带有空腔，然后以丝绳为弦。

古琴，也被称"瑶琴"、"玉琴"和"七弦琴"，是我国最古老的乐器之一，是我国最早的弹拨乐器，它的历史几乎和中华文明一样悠久，至少也有4000年以上的历史了，在孔子时期就已盛行。

古琴最初是五弦的，后来才改为七弦，古琴用于在贵宾面前弹拨，在弹奏期间，客人是不能说话的，他们只能全神贯注地观看弹琴和听琴声。这便是古代正式的古琴弹奏的场合。

古琴历来为文人阶层所重视，被尊为"国乐之父"、"圣人之器"。它在漫长的历史中积累了大量的相关文献，并与其他思想和艺术形式相互渗透，交相辉映，在中华传统文化中占有举足轻重的地位。

一般来说，在古代人们教授学生学琴，都要首先经过读谱这个阶段。古代乐师需要让学生熟悉全曲的风格和大致的结构，并让他们把琴曲都熟记下来，这是最基础的一步了。

等到学生将琴曲熟记下来后，乐师便开始教导学生不断琢磨，反

复咀嚼，然后让他们一段一段去学习，去体会，并让他们在练习中达到技艺纯熟，掌握乐曲的内在韵味。

最后，乐师在学生完全将乐曲融化在心，彻底理解了音乐的内涵与意境时，再引导学生们将它表达出来，这样音乐才会随意地从学生心中流淌而出。

当然，在古代琴艺的教学中，古琴作为一种音乐符号系统，它的乐谱一般须具备音高、时值、速度、力度及其他一些表情指示。有了这几个要素，古代乐师们才可以基本明白乐曲的情况，并将这些知识完整地传授给他的学生们。

古代乐师教授琴曲的过程是非常复杂的，如果是生疏的琴谱，他们就必须要把整个谱子的情况弄清楚，这需要花费许多时日去打谱，去摸弹。

不同的人打谱的结果又不会完全一样。所以，古琴谱是一种极特别的符号系统，它决定了琴是一种以弹奏为本的音乐，不仅具体演绎需要弹奏呈现，连作曲都极其依赖弹奏。由此可见，古代乐师在教琴时是非常繁琐和复杂的。

在古代乐师教琴的琴谱中，最著名的就是载于唐代卷子中的《碣石调·幽兰》这首曲目，这是南朝梁末时期著名文人丘明记的。因为它是用语言描述弹琴的手法、音位，所以后世称之为"文字琴谱"。

《碣石调·幽兰》是一种古代描述性的琴曲记谱方法，它的符号系统还没有建立，但是却很直观。其实，在这个文字谱里许多指法与后来的琴谱相差无几，比如全扶、半扶、挑、打等，只是尚未精简成符号系统。

后来被人们普遍接受的琴谱是唐代著名乐师曹柔制作的"减字谱"。有了这个"减字谱"，乐师便能更好地教授琴曲了。

唐代出现的减字谱是我国最早的乐谱，这种富有特征的乐谱尽管多少发生了一些变化，但基本情况不变，它被唐以后的历代琴人一直

使用。

减字谱极大地简化了原来的文字谱，它不但告诉了人们音位在哪里，而且连左右手指的奏法、表情都标明了。而古琴谱没有时值标记，古人只好采用工尺谱记录曲谱。

工尺谱较以往的琴谱，它只能记录板眼节奏，这对于古人教授琴曲造成了阻碍。直到晚清时期，乐师们才以"五行谱"的方式教授琴谱，所谓"五行谱"，也就是减字谱、唱弦、工尺、点板、旁词各一行的琴谱。

五行谱与减字谱在标明节奏方面有共同之用，然而这只能代表出，制作这种标明方式的琴家自己弹曲时的节奏，它并不是原曲本身的节奏，也不会成为别人弹传统琴曲时在节奏上的依据。因此，这种方式没能普及起来。古代乐师还是习惯用那些未标节奏的减字谱来教授琴曲。

知识点滴

在古代人们教琴，都是口传心授的，老师怎样弹，学生也便怎样弹。老师弹什么节奏，学生也弹什么节奏。听力好、记性好的学生，听老师弹两遍旋律就可以记住了。等学生回到家，他们只要有谱子，就不会弹错的。

作为一种音乐符号系统，乐谱提供了乐曲的基本情况。事实上，乐谱不是只让少数学生学，而是要让天下所有琴人一起学的。在只能看到琴谱而听不到具体弹奏的情况下，谱子不是等同于天书，所以古人教琴正是拿琴谱学曲子的。

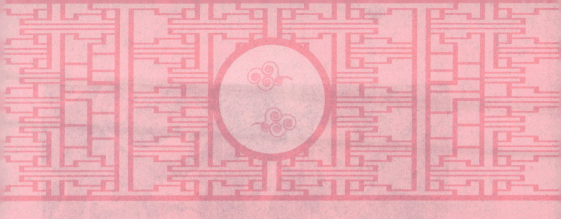

乐师教琴时所用的"打谱"

在我国古代，乐师们在教授学生学琴时，必须运用一种叫"打谱"的教琴方法。

"打谱"是指按照曲谱弹出琴曲的过程。其中的"打"字，就是乐师把那些暂时不能拥有、未成形的东西变成自己能够拥有的东西。

由于乐师们对节奏的把握会有不同，"打"的结果

也是不同的。"打谱"水平的高低，取决于乐师的知识结构、悟性及个人修养等诸多因素。

首先，乐师在弹奏之前要把所弹曲谱的符号弄清楚。符号就是琴曲的谱子，如果谱子不明白，音位、奏法就不明确，乐师便无法如实地弹出曲子的原意，也就无法教授学生去弹琴。

其次，乐师还要明确琴谱谱子在固定的音位，这对于乐师教授琴曲奏法时非常重要。琴曲的各种技法，比如绰、注、吟、猱等，这些奏法，也必须依靠谱子的规定弹出，这也要求了古代乐师必须具备非常扎实的基本功。

对于琴音的长短和节奏问题，古人提出了"惟其音节，颇难协洽"的原则。也就是说，乐师在教琴时，要先说出自己的经验，这便是打谱了。乐师必须先把曲子弹得滚瓜烂熟，才会解决乐曲气息、节奏问题，才能去教导学生学琴。

在乐师们看来，这种方法是教授弹琴的一个必要的过程。他们于混沌中见出形象，找到路径，由模糊渐至清晰。在寻找和发现的过程中，既要遵循和体会制谱者的本意，又最终依靠自己的学识、品格，为原谱作出有个性的阐释。

音节在基本约定的前提下，每个人弹起来都是不一样的，因为琴的音节规定时值、节奏，这就要求琴人在更大的范围内，让自我表达认识，发挥性情，这便是乐师在弹奏谱曲时出现节奏的原因了。

事实上，古代乐师为教琴发明的琴谱，其独特的自由是在一定范围内的自由，而"打谱"仍然是在一个大的规定框架中的自由阐发。它的自由，更多的是精神、人格、趣味的展示，而不是对乐谱的随意安排。

乐师所用的琴谱，对于节奏的规定是多方面的，既有直接的，也有间接的。

首先，琴曲的题材、曲名便是一种规定。每首

琴曲都有曲名，通过曲名，琴人可以明确琴曲题材并大致明确此琴曲的内容。比如《墨子悲丝》，表现的是墨子见到白皙的丝帛被染成各种颜色，悲叹纯洁的人遭到污染。

后来，许多琴谱在琴题之下还有对曲情曲意的解释，比如明代太子朱权在他所撰的古籍《神奇秘谱》中，就对《白雪》进行了解题，原文是这样记载的：

是曲也，师旷所作也。张华谓天帝使素女鼓五弦之琴，奏《阳春》、《白雪》之曲。故师旷法之而制是曲。《阳春》宫调也，《白雪》商调也。《阳春》取万物知春、和风淡荡之意；《白雪》取凛然清洁、雪竹琳琅之音。

无论打谱操琴者如何弹奏，乐师所教授的琴曲基本情境是不会错的。古代乐师对于琴曲的展开和行进过程中的变化作出了明显的提示，这有助于传达他们对制谱者关于琴曲内涵的认识，也大大提高了乐师教学的便利。

这方面的内容，对制定琴谱的节奏的影响很微妙，它是在大的情绪范围内对琴曲的平淡舒缓或跌宕多变产生约定的。

其次，古琴谱中的相当一部分时值是基本固定的。时值的音与那些不确定时值的音交织在一起，会对不固定音有极大的影响或者限定，它们要求那些不确定的音与之协调。

事实上，我国古代不同流派的乐师在教授学生学习琴曲时，他们在节奏上又是有所区别的，各自都有自己的一些基本规律。对于这一点，有的乐师则认为：首先要辨明这个谱是哪一派的传本，因为古琴有声乐派和器乐派之分，也就是"江派"和"浙派"之分，两派处理节奏的方法有些不同，而和其他的民间音乐也迥异。

我国的民间音乐形式，在大体上都把节奏按疾徐分作快板、流水板、一点一板、三点一板和双重的三点一板。

"江派"乐师教授的古琴声乐，要结合古代诗词的形式，对三言、四言、五言、六言、七言等诗歌语句和古乐强调乐句的结果，就有可能使用混合拍。

例如"江派"乐师们在遇着前四后六的十字句的时候，便要求学生必须做到字音明朗，同时又要求一字一音，用一个三拍子加上一个四拍子。这种语言和音乐紧紧结合，是民族传统创作手法，即文句决定"节奏"。

与"江派"不同的是，"浙派"乐师在教琴的节奏方法也是独特的。明初朱权在《神奇秘谱》序中，就特别强调了琴曲有能察出的乐句和不能察出的乐句两类。

因此，"浙派"乐师有琴曲只有乐句而无板眼的说法，但他们从未说过不要节奏，相反，他们甚至还强调要节奏。

"浙派"乐师认为，琴曲不受语言诗词的拘束，所以他们可以奔放地去使用旋律，而不愿再使用所谓的板眼去拘束学生。

从"江派"和"浙派"的比较中，可以看出我国古琴流派在教学时的明显区别。

古代乐师在"打谱"教学时的有限自由，依然需要琴人把谱给"打"出来，然后通过打出来的这个"谱"来教导学生弹琴，这便给琴谱的演绎增加了难度，也增加了内涵和趣味。它既是对教琴者的考验，更是对教琴者的尊重。

乐师对情境的理解，要看他打谱的修为了。这里的所谓修为，包含了深刻的意义。

打谱者既要对制曲者、版本及琴曲涵义、艺术风格进行了解，还要看他自己对这种情境及对生活、对自然山水的根本态度。

古琴谱时值、节奏并不那么死板，这给弹琴、打谱者留下了充分的发挥空间和自我创造的空间。它既是制谱作曲者以此种方式邀约不得谋面的朋友在另一个时空中"会面",共赏美景、互吐心曲,也是打谱者以此与制谱者的精神相遇,与制谱者眼中山水相遇,更是自己情怀的一种抒发。

这便是说,古代乐师在教琴时要依据自己一定的琴学知识,努力"恢复"琴曲的原貌,弄明白乐曲本身想要说的是什么。否则,乐师教琴的这个依据便没有了意义。

同时,教琴者又要用自己的眼睛和心灵,以自己的学识、趣味和艺术创造力传达自己登山临水的襟怀。这是一种智慧和情感的交融和辉映,是一种"得鱼忘筌"的快意。

总之,"打谱"并不是一件容易的事,它不是一种有格式的工作,而是琴师心灵的展现,充满了创造性。当一首古乐曲奏响并得到大家认同时,人们就能够感受到一种神奇的力量。

知识点滴

《梅花三弄》是我国古代一首著名的琴曲,古代擅长弹奏此曲的琴家非常多。但他们的风格却有着明显的不同。除了弹奏速度外,主要区别是在古代琴家们对节奏的处理上。把握节奏,便是古代乐师教琴时所用的"打谱"。

《梅花三弄》节奏在音乐中是时值不同的组合,而对时值的有倾向性的选择,往往表现出演绎者的语气,通过这种个性化的语气,又可以见出其情绪性格的燥与缓、品格的率真与执拗、性情的浪漫多姿与敦厚朴实等方面的差异。

四艺之棋

　　围棋是一种策略性游戏，它使用格状棋盘及黑白二色棋子进行对弈，属于"琴棋书画"四艺之一。围棋起源于我国，古时有"弈"、"碁"、"手谈"等多种称谓。围棋是我国古代知识阶层修身养性的一项必修课目。

　　围棋的棋盘是方形的，由纵横各19条线组成最终形成了361个交叉点。围棋盘上有9个星，最中间的称"天元"，以"天元"为中心，可以找到同心的多个正方形。而棋子的"气"就是棋子能够向外延伸的线路。

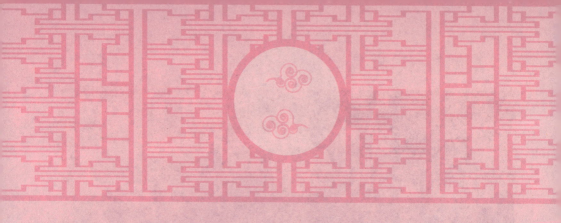

神仙教导王积薪下围棋

　　王积薪是我国唐代围棋大国手，是当时著名的"棋待诏"。据说他的棋艺是从神仙那里学来的。

　　王积薪非常喜欢下棋，兴趣极大，每天白天泡在棋里，晚上睡

觉梦见的都是围棋，各种变化在梦里直打转。但最开始时，他下棋并不出色。

有一天夜里，王积薪做了一个梦，梦见一条青龙盘旋于自己家的屋顶，突然张嘴吐出了九部棋经。他就拿着九部棋经看了一遍，最后把全部内容记了下来。

王积薪刚刚记住，龙就飞走了，九部棋经也不见了。

他一着急，浑身一抖，睁眼醒了过来，原来是一个梦。

九部棋经虽然不见了，但其中的内容却历历在目，王积薪就按照梦中的记忆，把棋经中的内容记录成书。

从此，王积薪每天钻研这九部棋经，夜以继日，认真学习研究，因此他的棋进步飞快，水平也迅速提高了。

由于王积薪棋艺高超，成为了大唐的围棋大国手，不久便被皇帝聘为"棋待诏"，每日只是听候皇帝招遣，下棋和整理棋书。

后来，王积薪跟随唐玄宗入蜀。蜀道艰难有"难于上青天"之说，到处高山峻岭悬崖绝壁，可是在崇山峻岭之中，却有很多美景。

一天，王积薪独自外出，他信步而行。不知走了多远，他见到深山中有一户人家。因为天色已晚，无法回去，只得前往借宿。

王积薪走进院子，见这家只有婆媳俩人，本来指望借宿一晚，一看这情形，也就不好意思说了。

那婆婆见王积薪欲言又止的样子，明白他的心思就对他说："你是来借宿的吧？我给你备好火盆和茶水，你就在屋檐下面休息吧。"

王积薪独自坐卧在屋檐下。此时，夜深人静，山风呼啸，他心中想着自己的围棋技艺最近进步不大，可是自己对此又无能为力，忍不住叹了口气。渐渐地，他静下心来，思考着自己平时尚未弄明白的一些棋局变化。

就在这时，王积薪突然听到住在西屋的婆婆说："夜深人静，难以入睡，我们下一盘棋如何？"

东屋的媳妇也说："那好啊！此时深山夜寒，无聊得很，我们正好消遣消遣。"

王积薪一听很是惊奇，没想到在这深山之中，还有会下围棋的人。他仔细地看了看，两个屋子都是黑着灯的，而且两人还不在一起，各在一屋，这棋怎么下呢？

王积薪正在纳闷，突然听到东屋媳妇说："我走东五南九路。"

西屋婆婆说："我应东五南十二路。"

王积薪明白了，知道她们这是在下盲棋，于是赶紧拿出纸笔，将她们婆媳说过的每一步棋路记了下来。他发现，婆媳俩人的招法，都是一些自己从来没有想过和见过的奇招。

等婆媳两人下到第36招时，婆婆突然说："这盘棋你已经输了9步，不用再下了吧？"

媳妇回答说："是的，我输了9步，咱们不下了。"

听了这话，王积薪知道，她们的棋艺水平极高，心中暗自佩服，决定找机会向她们学习。

第二天清晨，婆媳都起来后，王积薪恭恭敬敬地向她们请教。

老婆婆见王积薪诚心诚意，就来到棋盘前坐定，随手教了王积薪36种变化。

王积薪还想多学点，老婆婆说："你只要会了这些，就足够成为天下无敌的围棋高手了。"

婆婆说完后，房子和婆媳两人都不见了。王积薪知道，自己这是遇到了神仙。

后来，王积薪经常揣摩和研究老婆婆教他的36招棋，棋艺精进，但始终觉得有些弄不明白的东西在里边，心想，这可能就是这36招棋的奥妙所在吧。

由于这局棋是王积薪在入蜀的路上得到的，所以王积薪就给它起了"邓艾开蜀势"的名字。

在我国古代，一般教棋有两种方法，一种是断点教学法，一种是过关教学法。

古人在下围棋时有一句非常有名的谚语，叫作"棋从断处生"，这便是我国古代的断点教棋法。在围棋中，发现断点只有两种基本形式，也就是单方面断和双方互断，因此，找断点虽然很简单，但它却是造成围棋千变万化的关键所在。因此，对断点的强化教学，有助于对围棋基础知识的掌握和学习。

我国古代还有一种过关教学法。其实，教围棋的重点不在围棋知识的讲解，而在于对知识点的强化训练，只有熟练掌握知识点，才能应用于实战。

例如提一个子，这是围棋中最简单的问题，在教学时是很容易理解的。但是在实战中，却很难发现提哪个子最为有利，原因就是没有熟练掌握知识点。

过关教学法，便是要求在教围棋时，先要学棋的人怎样提子、怎样过关，然后再找断点过关、吃子方法及过关等。这就需要按照顺序来教围棋，循序渐进，使学棋之人能够快速掌握围棋技巧。

知识点滴

唐代曾经流传着这么一个故事：王积薪下围棋成名后，从不以名家自居，每次外出游玩，身边总带着一个竹筒，里面放着棋子和纸画的棋盘。他常把竹筒系在马车的辕上，途中不管遇见谁，哪怕是平民百姓，只要会下棋，都要下马来对弈一盘。谁要赢了他，还可以享用他款待的一顿佳肴。

王积薪在当时所以名震天下，不仅是因为他棋艺高超，而且由于他提出了一套围棋理论，根据前人和自己的实践经验，总结出围棋《十诀》。

围棋的下法与学习步骤

　　围棋是一种策略性棋类游戏，它使用格状棋盘及黑白二色棋子进行对弈。有两人对弈，也有联棋或团队对战模式，有两人对两人、一人对多人、多人对多人等形式。属于"琴棋书画"四艺之一。

　　围棋起源于我国，推测起源时间为大约公元前6世纪，是我国古代知识阶层修身养性的一项必修课目。古时围棋有"弈"、"碁"、"手谈"

等多种称谓。我国的围棋文化，反映了我国传统思想文化的精髓，是在我国发展最广的艺术。围棋是我国的国粹，也被认为是世界上最复杂的游戏之一。

学围棋先要知道，围棋的棋盘是方形的，盘面画有纵横各19条线，最终形成了361个交叉点。

每个交叉点上是一个星位，也就是下棋时需要将棋子落下的地方。棋子不能被放到格子内，必须放到交叉点上。围棋的棋子分为黑白两色，黑子181枚，白子180枚，黑白子加起来是361枚，合周天之数，恰好和棋盘的点数相同。

围棋盘上有9个星，最中间的称"天元"，"元"是第一的意思，"天元"意为天空最高点。以"天元"为中心，可以找到同心的多个正方形。

关于围棋学习步骤，首先应该是猜先。这是围棋开始时一个必须的步骤。围棋先手占有很大的优势。

先由一方握若干个白子，另一方出示一颗黑子，表示"奇数则自己方执黑，反之自己执白子"。若另一方出示两颗黑子，则表示"偶数则自己方执黑，反之则自己执白子"。握白子的人公示手握白子之数，先后手自然就被确定下来了。

从上面的猜先中可以看出，执黑棋者为先手，可以先落子。

古人以围棋作为虚拟的战场，就是因为围棋的独特玩法，后来的人们则比的是谁占的地盘多，所以对弈双方都尽量多地占领棋盘上有限的地盘。

围棋的落子并不是随意的。古语云"金角银边"，这个意思就是说角落的位置是最好占领的，其次是边，所以一般落子首先抢占角，然后是边，最后向中间延伸。

围棋棋子的"气"也是学棋之人必须要掌握的要领。"气"就是棋子能够向外延伸的线路。

一个棋子在棋盘上，与它直线紧邻的空点是这个棋子的"气"。棋子直线紧邻的点上，如果有同色棋子存在，则它们便相互连接成一个不可分割的整体。棋子直线紧邻的点上，如果有异色棋子存在，这口气就不复存在。如所有的"气"均为对方所占据，便呈无"气"状态。无"气"状态的棋子不能在棋盘上存在，也就是吃子。

围棋中把子能够生存的线路称为"气"，如果一个棋子没有"气"也就是死棋了，这时这个棋子就需要在棋盘上拿掉。也就是说，要想吃掉对方的子，就必须将对方棋子所有的"气"都堵上。

没有"气"的地方是不能放棋子的，有"气"的位置才可以放子。除非放上棋子可以吃掉对方的棋子，然后才能落子。

"劫"，是围棋中常常见到的一种现象，一般都是在最后的时候进行抢"劫"，将其占为己有。

被提调的棋子是不能马上提回来的，这需要在其他位置下完一步棋，且这个位置没有被对方填上，这时才能落子吃回。

围棋的规则其实十分简单，但变幻无穷。也恰恰因为变化，才拥有十分广阔的落子空间，这也使得围棋比其他棋类更加奥妙无穷。

知识点滴

围棋的入门并不是很难的事情。围棋手在教学生下棋时，一般首先要告诉学生，对弈的双方需要在棋盘网格的交叉点上交替放置黑色和白色的棋子。棋子落定，就不能再移动，这是围棋最重要的一项规则。

围棋入门容易，最后胜出却很难。双方在对弈过程中，需要不断地围"地"吃子，以所围之"地"的大小来决定胜负。由于其中的变数极大，战胜对方需要高超的技巧和超凡的智慧，所以，围棋被认为是目前世界上最复杂的棋盘游戏之一。

四艺之书

　　我国书法教学有崇仰古风、追寻古风的规矩，每个人的审美走向大同小异或大异小同，都是从追随前人开始的。

　　临摹法帖能够达到初步形似，但书法家们在教习书法时，不是毫无目的地去写去教，而是要学生去学古人书法家的字，从而创造属于自己的字帖。

　　当然，学书法先应该学执笔方法，也就是书法的笔法。书法教学中运笔取势的力感训练是很重要的，它与执笔、运笔、用墨、用线有关。

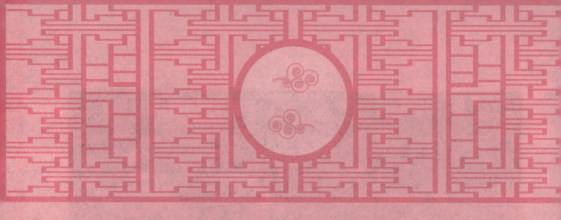

书法教学中的形似与内容

东晋时期，有一次，著名书法家王羲之在兰亭修禊之前来到了天台山。天台山是我国浙江东部名山，自古以古、幽、清、奇为特色，

风景神奇秀丽。王羲之被这神奇秀丽之景深深的吸引了，于是便在这里住了下来。

王羲之尽情欣赏天台山的日出奇观和云涛雾海，这些山光胜景，激发了他的书法创作欲望，不断地练字。

由于不停地洗笔洗

砚，竟把一个澄澈清碧的水池染成了墨池。

有一天夜里，王羲之在灯下练字，他练呀练呀，白纸写了一张又一张，铺得满地都是。夜深了，他还逐个字端详，然后深入思考。由于对自己所写的字还是很不满意，就又看又练，练得实在疲倦了，就握着笔伏在案上睡着了。

忽然，一阵清风过处，一朵白云飘然而至，云朵上有位鹤发银髯的老人。那老人笑呵呵地看着王羲之，对他说道："你的字写得很不错呀！"

"哪里，哪里！"王羲之一边让座，一边谦虚地回答道。他见这位老人仔仔细细地观看自己写的字，便请教说："老人家，请您多多指正。"

老人见王羲之一片诚心，说道："你伸过手来。"

王羲之心里纳闷，他不知道老人要做什么。见老人一本正经，不像开玩笑，便慢慢地将手伸了过去。

老人拿过王羲之的毛笔，笑容可掬地说："我看你诚心诚意学写字，让你领悟一个笔诀，日后自有作用。"

老人说完，便挥毫在王羲之的手心上写了一个"永"字，然后对

他说道："你会进步的。"说罢驾云而去。

王羲之急忙喊道："先生家居何处啊？"只听空中隐隐约约地传来一声："天台白云。"

王羲之看着手心的"永"字，不停地练习，终有所悟。

原来，汉字的横、竖、勾、点、撇、捺这些结构和笔画的诀窍，都体现在这"永"字上。王羲之不禁叹道："白云先生教授的真是一个非常好的笔诀啊！"

此后，王羲之练得更勤奋了，他的书法也更加洒脱了。他回到绍兴后，与文友在兰亭欢聚时，当场挥笔写下了千古流传的书法珍宝《兰亭集序》。

王羲之念念不忘天台山上白云先生的"永"字笔诀，就诚心诚意地写了一部《黄经洞》，然后将这部书放在山顶一个岩洞里，后来，人们叫这个岩洞为"黄经洞"。

学习书法应该崇仰古风、追寻古风。如果一个人不学习古代碑帖，或者从他的墨迹中看不出任何师从古人的迹象，那么就可以断定，这条路不是越走越窄，就是走向歧途。而一个人以古为范，站在巨人的肩膀上，所学尽为精粹，就缩短了自己摸索的过程。王羲之就是勤于临摹，最终才有自己的创造性成就。

学习任何东西，总有一个从初级到高级渐进的过程，学习书法艺术也是如此。书法家们在教学生写书法时，通常第一步都是临帖。而临帖的原则便是追求"形似"。

无论是毛笔还是钢笔书法，都必须在临摹好的法帖、范字上下工夫，并先得到"形似"。实践证明，追求"形似"，对于初学书法的人来说有着很重要的意义。

首先，"形似"虽然只是初级阶段，但它基本上反映了字的外部形态，临摹法帖如果能够达到初步形似，也就具备了初步的形态美。因为供临写的法帖，都是经过了长时间的考验，被一致公认的形神兼

备的好作品。

如果临写不能达到"形似"，就扭曲了对书法所表现的美感，就变了形，也失去了字的真实性，所谓"美"也就不存在了。

临帖要追求"神似"，只有做到了"形似"，才能进一步发展求得"神似"。不通过"形似"这座桥，是断然到不了"神似"的彼岸的。书法临帖中的"神似"所反映的是字内在的、本质的东西，是活的传神点。

在书法教学中，书法家只能通过不断地强调学生"形似"的基础上，才有可能达到"神似"。所以，书法家们常说，书法"神似"是"形似"量的积累。

古人常说："形无纤微之失，则神当自来矣。"这也就是说，为了求得"神似"，在书法临写中，必须经过长期的观察琢磨，在形态的纤微处做到少失以致不失，这样就能逐渐地趋于"神似"。

要做到这一点，必须具有仔细观察和刻苦练写的精神。所谓"神来之笔"，必然是这二者的结果，绝不可能从偶然中得来。

当然，书法教学中强调不断地追求"形似"，也可以深化对写毛笔字的规律、技法的认识。

书法家们教导学生临帖学书，起初那些学生是不会懂得书写的规律的，也不会真正懂得用笔方法，即使知道了一些皮毛，也没有经过实践的验证，心中还是迷茫的状态。但书法家教学时不断强调"形似"，也就是说只有在长期追求"形似"的实践中，才能一步步地领会其中的精神实质，熟练地掌握技法，并能鉴别出优劣。

至于书法教学中，从临写一种帖，扩展到临写多种帖，从求得对一种帖的"形似"，到对多种帖的"形似"，进而对各家都有所扬弃，达到似又不似的独创程度，那又是更高的境界了。但是，归根到底，还是从"形似"的基础上发展而来的。清代书法家刘熙载说：

书要力实而空，然求空必于其实，未有不透纸而能离纸者也。

这里所讲的"实"，是指字的形质；"空"是指字的精神。求精神必先求形质。刘熙载要求人们先老老实实地在"形似"上下苦功，切不可忽视这紧要的第一步。

但是，怎样学习书法？学习书法从哪种字体入手好呢？对于这个问题，历代的书法家们各自有着不同的看法。有的书法家教学时说从篆书入手好；有的则是说从隶书入手好；当然这些看法都有一定的道理。

大多数书法家在教学时，一般都会强调学生从楷书入手比较好。他们之所以不同意从篆书、隶书入手学书法，是因为学篆书首先遇到一个难以认识的问题，这大大增加了学习的困难；其次，篆书兴起和通用的时代距离比较遥远。

其实，篆书作为一种字体，仍有着其艺术欣赏价值，但是它的实用价值却已今非昔比。对于只想通过学习书法写出工整美观的楷书、行书以适应学习需要的人来说，甚至是可以不学篆书的。

隶书比篆书易识易写，但它与楷书比较起来，点画显得优柔有余，刚劲不足，并且结构易于分布平正，因此学好隶书再学楷书比较难，而学好楷书再学隶书就比较容易了。

这是就初学而言的，如果要想窥其堂奥，达到高深的艺术境界，学好任何字体都不是轻而易举的。宋代诗人、书法家苏东坡曾经说：

真如立，行如行，草如走。

这段话的意思是楷书如通站立，行书如同行走，而草书就好如在奔跑一样。楷书在这里是楷模、典范的意思。

楷书点画分明，搭配匀称，形体方正，应规入矩，非常适宜于初学者学习。因此，明朝著名书法理论家丰坊曾经说：

　　学书须先楷法……楷书既成，乃纵为行书。行书既成，乃纵为草书。

　　所以，历代书法家们在教学时，都会强调这样一个观点，对于初学者来说，如果绕过楷书，直接学习行书或草书，就会因为忽视了楷书的基本点画、结构的训练，导致写出的字不符合书法的要求，出现点画不规矩，笔力不刚劲，疏密不匀称，结构不安稳，比例不适当等弊病。明代著名

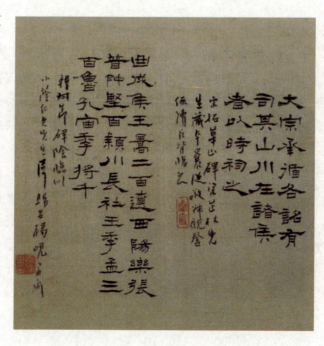

学者汪砢玉说：

> 近世多尚行草，未始学真而先习草，如人未学立而欲
> 走，盖可笑也。

当然，对于书法家教习书法从哪种字体入手，仁者见仁，智者见智，无必要也不可能强求一致，只要得法并下得深功，书法家从任何一种字体入手教学都能取得成就，这就是殊途同归的道理。

总之，书法并不神秘，只要我们按照正确的方法刻苦练习，就一定能把字写好。

知识点滴

楷书的教学从我国汉朝就已经有其雏形了，到魏晋时大为盛行，直到隋唐时期才是所谓的集其大成，而书法家在教楷书时从哪一个朝代的楷书开始比较好呢？

书法家在教学时普遍认为从唐代楷书入手教学是最好的，因为唐楷是有法可依的，唐楷能把笔画写得方中矩，圆中规，直中绳，长短合度，轻重合宜，结构稳健，从而为教学楷书奠定坚实的基础。当然也有书法家认为，唐楷法度森严，在教学时容易被那严格的规矩所束缚，因而他们提出初学者应该从魏晋楷书入手，说这样可以把字写得天真烂漫，自由放纵，这也是很有道理的。

四艺

学习我国的山水画，临摹是必不可少的。临摹是一个丹青家终身要做的功课，只有开始而没有结束，只不过在不同的时期，临摹所采取的方法不同而异了。从艺术的分科来看，中国画可以分为人物、山水、花鸟三大画科，它主要是以描绘对象的不同来划分的。

初学中国画时，常常以临摹作为入门的手段，逐渐地对物写生，然后再转而对物象写意。不仅粗笔的写意画是如此，就是细致的工笔画，也有其写意的成分。

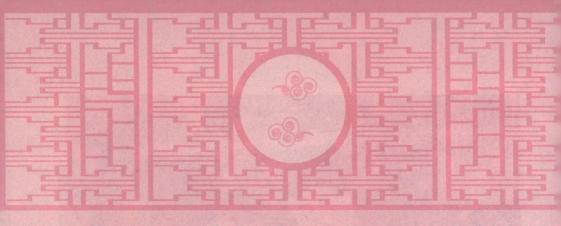

中国画艺重要的临摹教法

那是在我国明代的时候，有一个最著名的画家，名字叫唐寅，因他字伯虎，所以人们多称他为唐伯虎。

唐伯虎小的时候，在画画方面显示了特殊的能力，后来他拜师拜在了吴门画派创始人沈周的门下。

沈周最开始是让唐伯虎去临摹自己的画，然后让他去临摹前人的画，这样能够让唐伯虎更快地掌握自己和古人的画技画风。

在得到了名师指点后，

唐伯虎学习画画自然就更加刻苦勤奋，他很快就掌握了绘画的各种技艺，深受沈周的称赞。

由于沈周的称赞，这使一向谦虚的唐伯虎渐渐产生了自满的情绪，沈周看在眼中，记在心里。

有一次在吃饭时，沈周让唐伯虎去打开窗户。唐伯虎刚要伸手推开窗户，却惊奇地发现，原来竟是老师的一幅画，他这才知道，自己的画技远远比不上老师。

唐伯虎非常惭愧，从此以后，他潜心学画，再也不敢自满了。经过努力学习，他在南宋山水画风格中融入了元人的笔法，取得了非同寻常的效果。他的画技突飞猛进，甚至已经超越了他的老师沈周。

唐伯虎后来又拜周臣为师，周臣是南宋时期的院体绘画的高手。唐伯虎跟周臣学的是院体画，但其画有时也有与沈周画风相近的作品，如《南游图》。这是唐伯虎36岁时琴士杨季静离开苏州时赠送给他的。

《南游图》画面上人物、车、驴用笔细劲，如纸上游丝。近景坡上有三四株杂树交柯攒影。中景左侧山岩前一高士骑驴缓行，后面一童仆拉着车负琴紧随。刚出岩口，右面两个推车人，匆匆赶路。山路曲折溪水波动，颇见旅途之辛苦。整幅画不着色，山势平缓。而其中一株树用胡椒点点叶，与沈周画树叶法神似。

唐伯虎画得最多也最有成就的是山水画，他的足迹遍及名川大

山，胸中充满千山万壑，这使得他的诗画具有吴地诗画家所没有的雄浑之气，而且他可以化浑厚为潇洒。

唐伯虎的山水画大多表现的是雄伟险峻的崇山峻岭，楼阁溪桥，四时朝暮的江山胜景；有的描写亭榭园林，文人逸士悠闲的生活。唐伯虎的山水画，画幅大的气势磅礴，画幅小的清隽潇洒，题材面貌丰富多样。

由于唐伯虎作画很少在画上注明年份，且他的画风变化也不是很有规律，所以人们很难推测他作画的时间，也难以按照时间来划分他的画风变化进程。

其实，我国的画艺在古代尚无确定的名称，一般都称之为丹青，主要指的是画在绢、帛、宣纸上并加以装裱的卷轴画。

这是我国古代的传统绘画形式，是用毛笔蘸水、墨、彩作画，这种画种被称为"中国画"，简称"国画"。工具和材料有毛笔、墨、

国画颜料、宣纸、绢等，题材可分人物、山水、花鸟等，技法可分工笔和写意。

国画可分为人物画、山水画、花鸟画及书法与篆刻四大部分，各部分即紧密联系又相互区别，贯穿了临摹、写生、创作三位一体的学习原则，形成了独立而完整的国画教学体系。

其中，中国山水画的教学，大体说来分为三个阶段，即临摹、写生、创作，它们是三位一体的。其中，临摹课在山水画的整个学习过程中占据着重要位置。

学习中国山水画，临摹是必不可少的学习途径和方法，也是山水画学习最重要的内容。古人在总结中国画的学习步骤时说：

先以古人为师，再以造物为师，最终当以心为师。

这就是说教画，首先要教习临摹前人传统和方法并且掌握形式，然后再向大自然学习，最后将两者综合起来表达自己。这是古人教习山水画的经验总结。

中国画的绘画形式和这种形式的笔墨，是在我国独特的文化、历史、社会和自然环境下所产生的，是经过长时间的一代又一代绘画艺术家的不断继承、完善、发展和创造所成长起来的，它有一个不断发展和完善的过程。因此，要学会这个形式，就必须掌握临摹这种形式的语言。

中国画笔墨语言有其自身特殊性，它在现实中的表现物象身上是看不见的，是一种抽象的绘画语言。所以要掌握这种笔墨语言，必须首先向前人学习。

在掌握了这个特殊的语言基础上，才有可能进入这个领域，而在这个领域的造诣，所能取得成就的高低，取决于对这种语言的把握程度。学习这种语言最主要的方法就是临摹。

教习绘画要选取学生可以吸收的东西，然后让他们加以吸收消化。在开始临摹时，画师要选择一些历代大师的作品作为学生临摹的对象。这样做的目的是建立一个高品位的起点，眼界高，认知着落点的层次就高，也少走弯路。

如果所选择的临本格调不高，起步不高，将会终身受累。古语中有"法乎其上，仅得其中，法乎其中，仅得其下"的道理，所以一定要选择好的临本。

在临摹过程中，最好选择一些大师的中期作品作为临摹的范本，因为这类大师的早期作品中尚带有先贤的较多痕迹，而自己的风格又未形成，至于晚期的作品又太多个性化，不宜模仿。

相比之下，中期的作品，往往是这些大师画法、风貌的转型期，其作品画面的布局和笔墨运用在此时都比较认真和精到。

有了好的临本，还得有正确的临摹方法。临摹之前要读画，"读"是研读、解读、分析的读。要对所临作品进行分析、研究，了解临本的笔墨特点，方法步骤，作品整体气韵等。

临摹古代名家的作品，更要善于学习，因为每一个名家，既有他的长处，也有他的短处，所以要培养有辨别好坏的能力，看出哪些是它的好处，哪些是它的不足之处。

临画不是一树一石，照抄一遍，这样的临，好处不多，必须找寻其规律，以及用笔用墨的方法，都要问个所以然。

在教习临摹的过程中，心态也是很重要的，一定要让学生能收住心，不要粗心大意，似是而非地草率临摹。

临画最好是先易后难，先简后繁。从山石树木开始画起，先画单棵树，然后再画杂树、丛树；先画一块石，然后再画一组石。

先临物象结构比较清楚，笔墨比较规范的画，然后再临变化较多，较复杂的画；先临局部，然后再临整幅；相对先缩小临摹范围，力求在研究深度上最大限度地做到精微深入，在画幅上不要贪大，不求快。在临完一幅画时，要把临的画与范画作一比较，看看有什么问题及差距，然后再重新临摹，直至达到理想的状态。

总之，学习山水画，临摹是必不可少的学习途径。临摹是一个丹青家终身要做的功课，只有开始而没有结束，只不过在不同的时期，临摹所采取的方法不同而异了。

知识点滴

唐寅擅长写意花鸟，活泼洒脱、生趣盎然而又富于真实感。传说唐寅所作的《鸦阵图》挂在家中，有一天有数千只乌鸦纵横盘旋在屋顶，恍若酣战，堪称奇绝。

唐寅花鸟画的代表作是《枯槎鸲鹆图》。其构图用折枝法，枯木枝干由右下方弯曲多姿地向上伸展，以枯笔浓墨画之，苍老挺拔。以积墨法画一只栖于枝头的八哥，正引吭高鸣，树枝似乎都在应节微动，从而显现出自然界生命律动的和谐美。这幅画在画法上属小写意，一路运腕灵便，以书法入画，以写代描，笔力雄强，造型优美，全画笔墨疏简精当，行笔挺秀洒脱，形象饶有韵度，从中可以窥见唐寅在探讨写意技法和开拓花鸟画新境界方面的卓越建树。

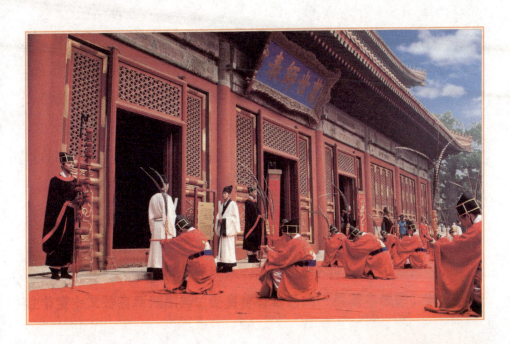

六艺之礼

　　我国古代"礼"，包括吉礼、凶礼、宾礼、军礼和嘉礼。礼在我国古代用于定亲疏，决嫌疑，别同异，明是非。作为典章制度，礼是社会政治制度的体现，是维护上层建筑以及与之相适应的人与人交往中的礼节仪式。作为道德规范，礼是国家领导者和贵族等一切行为的标准和要求。

　　礼是一个人为人处事的根本，也是人之所以为人的一个标准。故《论语》曰："不学礼，无以立。"如果想学习古代礼仪，首先应该了解我国礼教的产生过程，然后，遵循一些重要的原则，运用正确的学习方法，这样才能收到理想的学习效果。

古代礼仪种类与教学方法

公元前523年的一天，著名的大思想家孔子对他的弟子南宫敬叔说："我听说周王室管理图书的老子博古通今，他知道礼乐的源头，也明白道德的重要。现在我要去拜见他，你愿意陪我一同去吗？"

南宫敬叔欣然同意，并随即请示了当时鲁国的国君。在得到鲁国国君的批准后，南宫敬叔马上安排一辆两匹马拉的车，一个书童，一个车夫，然后陪着孔子前往周都洛邑。

老子见到孔子，知道孔子千里迢迢而来，非常高兴。在经过彻夜长谈之后，老

子带孔子访问了大夫苌弘。苌弘擅长礼仪，他带着孔子一行人观看祭神之典，考查了周国的教育基地和祭祀礼仪，这使孔子感叹不已，获益不浅。

在洛邑呆了几天后，孔子向老子辞行。老子送孔子时对他说："有钱的人送人财宝，仁义的人送人金玉良言。我既不富贵也没有什么钱财，我便送你几句话吧！"

孔子深深一揖，说道："愿闻先生教诲。"

老子说："当今这个局势，人若是很有本事，就会招惹到灾祸。请你不要把自己看得高高在上，所谓的礼仪，就是不要将别人厌恶的东西强加给人，希望你能够谨记！"

孔子再次鞠躬拜道："弟子一定谨记在心！"

老子说："你一定要记住，礼仪就是要与世无争，这样天下人才没有人能与你争！这便是天道，也是正道！"

孔子说："先生之言，出自肺腑而入弟子心脾，弟子受益匪浅，

终生难忘。弟子将遵奉不怠，以谢先生之恩。"

孔子说完，告别老子，与南宫敬叔上车，依依不舍地向鲁国驶去。

"孔子问礼于老子"的故事，在我国历史上流传了2000多年，对后世的礼教发展产生了深远的影响。

其实，礼在我国古代是社会的典章制度和道德规范。作为典章制度，它是社会政治制度的体现，是维护上层建筑以及与之相适应的人与人交往中的礼节仪式。礼作为古代的道德规范，它是国家和贵族等一切行为的标准和要求。

在孔子以前的夏商周时期，就已有夏礼、殷礼、周礼。夏、殷、周三代之礼，因革相沿，到周公时期的周礼，已比较完善。

在孔子的思想体系中，礼作为观念形态，是同"仁"分不开的。孔子主张"道之以德，齐之以礼"的德治，打破了"礼不下庶人"的限制。

在孔子之后的封建社会里，礼是维持社会秩序，巩固等级制度，调整人与人之间的各种社会关系和权利义务的规范和准则。同时，礼既是我国法律的渊源之一，也是古代法律的重要组成部分。

古人在教习学生的礼仪的时候，必须让学生知道，礼的中心是社会关系，所有的社会结构都是从礼这里出发衍生出来的。礼作为孔子的思想体系的重要组成部分，不是仅指一般的礼仪，而且其本质上更加深刻。

孔子认为，有什么样的社会关系就有什么样的礼。因此，针对不同的社会关系，孔子确定五种不同的"礼"，即吉礼、凶礼、宾礼、军礼和嘉礼。

吉礼，是周王朝祭祀和敬奉邦国鬼神的礼仪；凶礼，是周王朝哀伤忧患和丧亡殡葬的礼仪；宾礼，是关于朝聘盟会的礼仪；军礼，是周王朝关于兴师动众的礼仪；嘉礼，是周王朝用于婚姻宴饮的一种礼

仪。每逢用到礼仪时，就要用"乐舞"来配合这些礼仪的规矩。

古代礼的教学，实际上可以分为政治礼仪与生活礼仪两大部类。政治礼仪包括祭天、祭地、宗庙之祭，祭先师先圣、尊师乡饮酒礼、相见礼、军礼等。在生活礼仪中，丧礼的产生是最早的。丧礼于逝者是安抚其鬼魂，于生者则成为分长幼尊卑、尽孝正人伦的礼仪。

在礼仪教学中，礼的建立与实施过程中，孕育出了我国的宗法制。古人认为，一切事物都有看不见的鬼神在操纵，履行礼仪即是向鬼神讨好求福。因此，礼仪起源于鬼神信仰，也是鬼神信仰的一种特殊体现形式。

古代的礼仪教学注重宗庙制度。宗庙制度是祖先崇拜的产物。人们在"阳间"为亡灵建立的寄居所即宗庙。帝王的宗庙制是天子七庙，诸侯五庙，大夫三庙，士一庙。庶人不准设庙。宗庙的位置，天子、诸侯设于门中左侧，大夫则庙左而右寝。庶民则是寝室中灶堂旁设祖宗神位。

祭祀时还要卜筮选尸。尸一般由孙辈小儿充当。庙中的神主是木制的长方体，祭祀时才摆放，祭品不能直呼其名。祭祀时行九拜礼，即稽首、顿首、空首、振动、吉拜、凶拜、奇拜、褒拜和肃拜。

宗庙的祭祀还有对先代帝王的祭祀，据西汉著名学者戴德所写的《礼记·曲礼》中记述，凡于民有功的先帝如黄帝、尧、舜、禹、周文王、周武王等都要祭祀。

在古代，下级向上级拜见时要行拜见礼，官员之间行揖拜礼，公、侯相见行两拜礼，下级居西先行拜礼，上级居东答拜。平民相见，依长幼行礼，幼者施礼。外别行四拜礼，近别行揖礼。

此外，古代还有成年礼，也叫冠礼，是跨入成年人行列的男子加冠礼仪。

礼既然是富于差别性、因人而异的行为规范，每个人就必须按照自己的身份和地位去选择适合的礼。符合身份和地位的就是有礼，否则就是非礼。

举例来说，八佾舞是天子的礼，卿大夫只许使用四佾，鲁季氏以卿行天子之礼，八佾舞于庭，孔子认为非礼，愤慨地说："是可忍也，孰不可忍也？"

古代礼的教学中，冠、婚、丧、祭、乡饮等礼，都是按照当事人的爵位、品级、有官无官等身份而制定的，对于所用衣饰器物以及仪式都有非常繁琐的规定，是不能越级使用的。

在家族中，父子、夫妇、兄弟之礼也各不相同。夜晚为父母安放枕席，早晨向父母问安，出门必面告，回来必须面告。

贵族和庶人都受礼的约束。所谓"礼不下庶人"，并非庶人无礼，只是说庶人限于财力、物力和时间，不能备礼，更重要的是贵族和大夫的礼不适用于庶人。

西汉著名学者戴德在《礼记》中说：

> 以之居处有礼故长幼辨也，以之闺门之内有礼故三族和也，以之朝廷有礼故官爵序也，以之田猎有礼故戎事闲也，以之军旅有礼故武功成也。是故宫室得其度……鬼神得其飨，丧纪得其哀，辨说得其党，官得其体，政事得其施。

由此也可以看出，古代礼的教学内容繁多，范围广泛，涉及人类各种行为和国家各种活动。

知识点滴

儒家认为，人人遵守符合其身份和地位的行为规范，这便是"礼达而分定"了，也就达到了孔子所说的"君君臣臣父父子子"的境地，贵贱、尊卑、长幼、亲疏有别的理想社会秩序便可维持了，国家便可以长治久安了。反之，弃礼而不用，或不遵守符合身份、地位的行为规范，社会和伦常便无法维持，国家也就不可得而治了。

儒家极为重视礼在治理国家上的作用，提出礼治的口号。孔子说："安上治民，莫善于礼。"从此以后，"礼治"成为了封建帝王维持国家管理秩序的重要工具。

六艺

　　有"礼"　则必有庆贺燕飨之"乐"，有庆贺燕飨之乐则必有
五音宫商角徵羽伴奏，古代政府设立掌管音乐的官吏,并负责宫中庆
贺燕飨之乐。

　　我国古代的"乐"是古代"六艺"之一，它同礼、射、御、
书、数并称六艺，都是古代君子必学的一门技艺。乐艺不但在政
治、思想、文化等方面得到尊重和体现，还通过《六小乐舞》教育
的手段灌输给贵族的青年子弟们，使西周形成了以尊礼为目标的礼
乐教育体系。乐艺除了是西周时期教育贵族青年的六小乐舞，还经
过后来历朝历代的发展，逐渐演变成了六大乐舞。

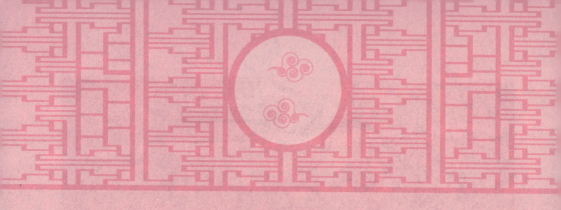

周代教育贵族的小乐舞

　　周代的乐舞来源于原始舞蹈，是周王朝的功臣周公旦加工创造出来的。

　　据传说，舜领导天下时，南方的有苗部落不服，舜就命令禹率

兵征伐，经过不胜，后来听了益的建议，没有用武力，而是执盾牌舞蹈70天，有苗乃服。执盾牌而舞，应是"文舞"和"武舞"的滥觞。

舜时还有《韶》又名《箫韶》，传说是歌颂舜的乐舞。实际上，原始的《韶》舞，原本是一种狩猎后欢庆胜利的群众性集体歌舞。

在当时，人们狩猎归来，向祖先献上猎获物，并狂歌劲舞。有人披上兽皮，有人戴着鸟羽，模仿鸟兽动作，在排箫声中，凤凰自天而降，舞蹈达到了高潮。主要伴奏乐器，是用竹管编排而成的乐器"排箫"，舞有九段九种变化，所以有"箫韶九成，凤凰来仪"的说法。

歌颂禹治水有功的《夏龠》，在创作过程中是这样的：禹治水成功后，命皋陶作《夏龠》九成，以昭其功。

到了周朝初年，我国历史上出现了一个著名的圣人周公旦。他制礼作乐，其中的乐舞就有"文舞"、"左手执龠"、"右手秉翟"等，其中的龠就是"排箫"。这些舞蹈，都是在原始舞蹈的基础上发展的。

周公旦是周文王的次子，周武王的弟弟。周公旦很有仁德，在当时享誉九州，百姓们都很信服他。

后来，周武王驾崩了，新继承的周成王得了重病，病情不断加

重，很快就奄奄一息了。周公旦知道后非常着急，就剪掉自己的指甲沉到黄河中，祈祷周成王痊愈。

周公旦率领百官们载歌载舞，向河神祈祷说："我的侄儿年幼还不懂事，触犯神命的人是我周公旦啊！请天神降罪于我，千万不要伤及我的小侄儿！"

周公旦将祈祷册文封好，他又率领百官们载歌载舞，为天神娱乐。

后来，周公旦又将他创造的礼乐乐舞教给周成王，并鼓励周成王多多进行这种乐舞，用以强身健体，战胜病魔。果然，没多久周成王的病就痊愈了。

乐艺是我国古代的"六艺"之一，是古代君子必学的一门技艺。西周时期贵族青年们学习的内容，在音乐方面有歌唱和乐器演奏。此外还有有关乐舞的理论知识，舞蹈教育是其中的重要部分。

周代礼乐教育的对象，是宫廷王室成员和贵族子弟。礼乐舞蹈的学习一般是从13岁开始，到20余岁达到成熟，学习阶段的划分则按照年龄大小来安排的。

在13岁开始后，贵族子弟主要学习内容是"小舞"、音乐和朗诵诗，偏重于学"文"；15岁以后主要学乐舞、射箭和驾车等，偏重于习武；20岁的时候，主要学习"大舞乐"及各项祭祀礼仪。这些内容假定各用3年学完，到22岁"礼成"，大约经过10年左右的磨炼。

周代用六个"小舞"作为乐舞教育的教材，它们是《帗舞乐》、《人舞乐》、《皇舞乐》、《羽舞乐》、《旄舞乐》和《干舞乐》。

六小舞乐的名称是对照着六大舞乐而命名的。正像"大舞乐"一样，"小舞乐"也是祭祀性乐舞。关于这六个"小舞乐"的具体表演形式、祭祀对象等问题历来众说纷纭，后代的儒家学者也勾画了一个大概的轮廓。

其中，《帗舞乐》是教育贵族青年的重要乐舞，它是祭祀后稷的乐舞，其根源是黄帝部落祭祀云图腾的乐舞。舞者手持"帗"而舞。"帗"，一种说法是五彩缯，也就是用丝绸长条编织起来挑在竿上的道具，但也有说是用鸟羽制成的。

《人舞乐》是西周重要乐舞教材，传说是祭祀宗庙或星辰的舞蹈。它不用道具，而以手袖为"威仪"。有一种说法它原本可能来自

模仿鸟兽动作的手势。

《皇舞乐》是一个求雨的乐舞，传说源自上古先民们蒙着鸟羽祈求神灵降雨。殷商时期已经有求雨性的"小舞"了。

据说贵族子弟在学习和表演该舞时，要身披五彩羽毛，如凤凰之色，头戴羽毛制作的帽子，衣服上缀着翡翠色的羽饰。这样看起来，它该是一个很好看的乐舞，这也证明周人继承了殷商的商羊祭雨仪式，甚至比殷商时期的人还要崇拜。

《羽舞乐》要求贵族青年在学习时，手持白色鸟羽而舞，它祭祀的是四方。其源起当与殷商的求雨之舞有一定关系。另外还有一种说法是，人们在跳舞时手执雉尾，也就是五彩鸟羽。

《旄舞乐》是用于周代大学的祭祀礼仪，因此，它也是西周贵族青年必学的一种乐舞。舞者执牦牛尾而舞。有舞蹈史学家认为，该舞所用的"道具"有可能是用牛尾装饰的舞具而非真正的牛尾。

《旄舞乐》的来由一说是"葛天氏之乐"，也就是古籍中记载的"操牛尾投足以歌八阕"的乐舞。殷商时代有《隶舞乐》，也是持着牛尾，用来祈雨、祈神、祭祖先的。周代《旄舞乐》当与此有渊源关系。

《干舞乐》的舞者持盾牌作舞，用以祭山川。当然，周代教育贵族子弟性质的乐舞，还有《舞勺》、《舞象》等。根据古籍《周礼·乐师》中记载：

> 谓以年幼少时教之舞，《内则》曰：十三舞勺，成童舞象，二十舞《大夏》。

"舞象"是一种持"龠"而舞的文舞，也是周代教育贵族青年的重要乐舞教材之一。舞象者手持一把类似戈的武器，偏头抬腿，似躲又停的样子，与手持乐器的"舞勺者"形成了姿态上的呼应。《舞象》、《舞勺》是周代分别用于教育13岁和15岁以上贵族少年子弟的文舞和武舞。

关于《舞象乐》的内容，这个的说法也有很多。一种说法是表现周武王伐纣的事，另外也有人说是商人善于驱使大象作战，但是聪明的周公还是打败了商纣王。《舞象》便是借此宣扬自己的武功。这种周人宣传文治武功的舞乐，自然也是周人用来教育青少年的重要教材了。

尽管历史上关于《舞象乐》的说法不一，但它是一种象征周代人们武功的武舞，也是周代贵族青年必须要学习的一种乐舞，这与周代的文献记载中的说法一致。

知识点滴

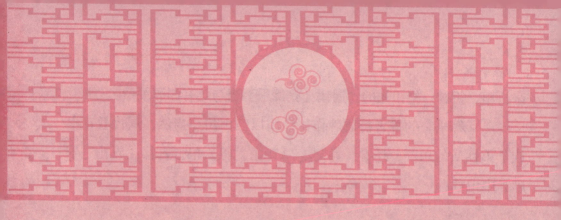

我国古代乐艺的学习内容

乐艺除了在西周时是教育贵族青年的六小乐舞，在后来的朝代，逐渐演变成了六大乐舞，这六大乐舞又被称为乐艺六科，也是周代的《六代舞》。《六代舞》包括《云门》、《咸池》、《大韶》、《大夏》、《大护》、《大武》。

《六代舞》据说是周公旦依据周国原来的制度，参照殷礼而制作的一种舞蹈。周公旦通过一系列重大的举措，对上古氏族祭

祀乐舞进行了一次大规模的整理，这样不但树立了周朝的权威，也表达了对祖先的敬畏之心。

西周人所说的"乐"，其实就是音乐和舞蹈的统称，特指那些配合着不同的礼仪而采用的不同音乐和舞蹈动作。所以，西周的礼乐是用来区别贵贱和判断是非的。

西周乐舞用来缓和上下，整合人心。周代的礼乐制度，是政治和艺术教养的结合，讲求礼乐的相互配合、相互支持，起到巩固统治和调和人心的作用。

周公旦制礼作乐，实际上完成了我国历史上第一次乐舞的大整理，形成了周代祭祀乐舞《六代舞》。《六代舞》，又称《六乐》、《六舞》或者《六大舞》等，它是周代帝王们用于祭祀的六个乐舞。传说是周文王的弟弟周公旦率领文臣乐工在前朝乐舞基础上修订编成的。根据古籍《周礼·春官·大司乐》中记载：

《六代舞》即黄帝的《云门》、尧帝的《咸池》舜帝的《大韶》、禹帝的《大夏》和商汤的《大濩》与周武王的《大武》。

学乐艺的人应该知道以文德得天下的帝王就必须用"文舞"来祭祀；以武功得天下者就可以享受"武舞"。因此，前四个舞属"文舞"，而后两个舞则属于"武舞"。

《六代舞》是周代礼乐制度的重要组成部分，也被后来的历代政府奉为乐舞典范，实际上综合了许多文化成果。

根据古籍《周礼》中的记载：舞《云门》时奏黄钟、歌大吕，用以祀天神；舞《咸池》时奏太簇、歌应钟，用以祭山川；舞《大韶》时奏姑洗、歌南吕以祭四望；舞《大夏》时奏宾、歌函钟，祭祀山川；舞《大濩》时奏夷则、歌小吕，用以享妣；舞《大武》时奏无

射、歌夹钟，用以享先祖。

表演这六个舞蹈的都是王室和贵族的子弟，乐舞人数更有严格的规定，体现了周礼的等级制本质。其中，《大韶》和《云门大卷》是西周雅乐舞中以黄帝的

《云门大卷》为开首之乐，用以祭祀天神。

周代人们将《云门大卷》列为"六大乐舞"之一，并使它成为学乐之人首先学习的一种乐舞，足可以见到它的重要程度。

周代将《云门大卷》作为"制礼作乐"的祭祀天神的舞蹈，这说明了黄帝在战胜蚩尤之后，在周代已经不仅是民间传说里的统一之王，而且已经上升为神的代表，这是有深刻含义的。

《大章舞》作为周代的祭祀性乐舞，也是古人必学的一种乐舞。《大章舞》祭祀的对象是"地示"，也就是地神。

《大章舞》原本是唐尧时代的纪功性乐舞，根据传说它的内容原本是为祭祀上帝，并由尧的臣子质所创作，后来的秦国吕不韦在他所主编的《吕氏春秋·仲夏纪·古乐》中记载：

帝尧立，乃命质为乐。质乃效山林溪谷之音以歌，乃以麋置缶而鼓之，乃拊石击石，以象上帝玉磬之音，以致舞百兽。

瞽叟乃拌五弦之瑟，作以为十五弦之瑟，命之曰《大

章》，以祭上帝。

至于为什么原本祭祀上帝的乐舞在周代转而祭祀地神，这已经很难去考证了。周代的《六代舞》也有把这一乐舞称为《大咸》的。

根据古籍《周礼·春官宗伯下·大司乐》中记载，祭祀唐尧的乐舞《咸池》，原本祭祀的对象是黄帝。到了唐尧时代，如果有所"增修"，就在基本保持原名的基础上改叫作《大咸》。

《大韶舞》也是古人必学的一种乐舞，它是传说中祭奠帝舜的乐舞。舜是古代的贤明君主，古籍《尚书·舜典》记载他曾经巡行四方，咨询四岳，善选贤人。正由于此，周代以此舞祭祀"四望"，也就是四方，还有的说是指名山大川，或者是日月星海的。

传说舜命夔以乐舞教育贵族子弟，因此这既是帝舜的文德，又被后人提炼为"中庸"之德，大约《大韶》乐舞也具有"中庸"为美的特点。

对此，史籍中多有记载。如在古籍《尚书·尧典》中记载《韶》

时用"八音克谐、毋相夺伦，神人以和"，这便是说人们用器乐音律之间的配合，来达到人神沟通、协调的作用。

《大韶》经过了周代的确立，又经历了历代的传衍，最终它成为了"文舞"的代表作。除去享受了皇家王朝的尊敬之外，还受到民间的喜爱。

南宋学者罗泌在他所著的《路史·后纪》中记载：

韶者，舜之遗音也，温润以和，如南风至。

《大韶》不仅有隆重的祭祀意义，也在长期的发展中逐渐丰满起来，达到内容和形式的相对有机统一，具有很高艺术欣赏价值。据后来的春秋时期著名学者左丘明所著的《左传·襄公二十九年》中记载：

吴国公子季札曾经游历卫、郑、徐等国。到达鲁国时，自然要求观赏周代乐舞。他对《韶》是极力推崇，德至矣哉，大矣！如天之无不帱也，如地之无不载也，叹为观止。

《大夏》也是古人必学的一种乐舞，它原本是夏代人们歌颂夏禹的乐舞，后来周代人们把《大夏》用来祭祀九州山川，大概是因为禹是古代以治理洪水而传颂后世的。古籍《尚书·大禹谟》中记载：

禹克勤于邦，克俭于家，敬承尧舜，外布文德。

《大夏》是歌颂大禹的乐舞，原名是《夏龠》，到了周代主要用《大夏》这个名字，反映了周人尊重自然之神力的态度。从制订乐舞的角度来看，也反映了周人善于从江山一统的宏阔规模中寻找王朝社

稷基业的精神追求。《大夏》乐舞的确立正是这一文化精神的反映。

《大濩》这个乐舞也是古人必学的一种乐舞，关于它的说法很多，有人认为是周武王打败商纣王之后，周代人们才把殷商的《濩》作为本朝的《六代舞》之一，由此得知周人的气量是很大度的。

《大濩》乐舞原本是纪念商代君王伐桀的乐舞，歌颂商汤的功劳的。古籍《周礼》中记载：

承衰而起，讨伐夏桀，救护万民，以宽治民除其害……救护万民得其所也。

这便是说商汤救护于万民，因此这支舞蹈也被称为《大濩》。商代的《大濩》主要是用于祭祀先王，到了周代，该乐舞被广泛的传播，成为了古代君子必须掌握的一种乐艺，不过它主要的祭祀对象却转换为祖先。

　　这一点与《大濩》表演主要在"桑林"之地举行有关。桑林之地的乐舞具有祈祷多子多孙的功能，也是人类生产力低下、人类社会还处于低级水平时对于母性力量崇拜的结果。

　　古代君子最后要掌握的是《大武》这一乐舞。《大武》简称为《武》，是自周代起就被列为《六代舞》之一，可见周人把自己的功业与传说中的祖先们相提并论，不仅气魄很大，而且也是很自信的。后来的舞蹈历史学家们认为：

> 与《六代舞》前五个舞不同的是，《大武》是周代自己创作的乐舞，高度赞扬了周武王联合进步力量灭纣安良的伟大功绩，赞美周武王的文治武功。

　　《大武》是周代乐舞的标志性成果，这是为了纪念周武王克商而创造出来的乐舞，根据历史记载它的创作者便是周公旦了。《大武》

舞蹈的内容表现了周武王克商的功绩。

《大武》内容是由六段乐舞来表现的。根据孔子对《大武》的述评及其他有关记载，可以设想出《大武》的表演情况：

第一段，开始是一长段鼓声，大概是舞蹈的前奏。舞队已集合，准备上场，接着，舞者手持武器，从北面出来，巍然屹立，徐缓悠长地歌唱，表现了武王伐纣的决心并等待诸侯到来。

第二段，舞蹈转入炽热战斗气氛，"发扬蹈厉"，表现周军由姜太公率领的前锋部队，直指商都朝歌，这时舞队两面有人以示传达军令。舞队随即分成两行，作激烈的击刺动作，边舞边进，表示已灭商。

第三段，表示凯旋后南归。舞队可能只作"过场"式的回还移动。

第四段，表示南方各小国诚服于周，南疆已稳定。舞队可能以宏大、对称、稳定的构图，来显示万邦来朝的气势。

第五段，舞队再分成两行，表示周公在左，召公在右，协助周王统治。接着有条不紊地变化各种繁难复杂的队势。舞者皆坐，作低姿的静止场面。表示国家已得到很好的治理，国泰民安。

第六段，舞队重新集合，排列整齐，庄严肃穆地表示对周王的崇敬。全舞结束。

《大武》从内容上看，反映了武王伐纣的征战生活。从艺术处理上看，这个人数众多的男子群舞，结构比较严谨，队形、动作、情绪有变化，有起伏，以表现激烈战斗场面的刺击动作和复杂的队形变化，把舞蹈推向高潮。以整齐、规范、平稳的队势表示取得完全的胜利，国家得到统一、安定。音乐有鼓声作为前奏，舞蹈伴随歌唱以烘托雄浑的气势。

后来有舞蹈史学家们认为：《大武》舞蹈的动作、队形变化都是表现着具体的情节的。而据孔子的分析，所表现的就是"武王之事太公之志"。

当然，这实际上也是一种夸耀，显示自己的武力强盛，以此来威慑天下。

《大武》的六段舞蹈原来都配以歌词，由于年代久远，有些歌

词已经难以追踪。其中的《武》、《赉》、《桓》等，却被保存在《诗经·周颂》中。如《赉》的最后一句是"敷时绎思，我徂维求定"；又比如《桓》的首句是"绥万邦，屡丰年"。

根据先秦诗歌总集《诗经》中记载，《大武》之诗共有七句："于皇武王，无竞维烈。允文文王，克开厥后。嗣武受之，胜殷遏刘，耆定尔功。"

意思是说：周武王是光耀天下的，他的功业举世无双。周文王也确实有文德，能把后代的基业开创。周武王继承周文王之志，止住残杀，战胜殷商，完成大业，功绩辉煌。

周武王伐商，诗中声称是为了"遏刘"，即代表天意制止暴君的残杀，拯民于水火。但战争是残酷的，所以，主张仁义的孔子对这个舞蹈的评价是"尽美矣，未尽善也"，即赞美这个舞的艺术表现，但是对它的内容则是表示有保留。孔子的话也不能说没有道理。

知识点滴

《大武》在我国历史上是一个很有影响的舞蹈。它的成就是多方面的：首先，武王伐纣是为了推翻商纣王的统治而进行的战争。其次，《大武》是手持武器的战舞，这种舞蹈形式在原始舞蹈中已经存在，从原始时代"刑天氏之乐"等，到历代歌颂战功的"武舞"，而《大武》则发展了这种舞蹈形式，并有所创新。

《大武》舞蹈的结构比较复杂，舞段安排得体，概括而真实地表现了周人灭商的过程，以及灭商后班师回镐京，于是天下大定。

六艺之射

　　礼射教育是西周尊礼思想和礼制的产物，因有礼仪程序等级的规定，所以被称为礼射。礼射的目的是贯彻尊礼思想和等级制，并通过礼射来考察射箭人的道德行为，也就是"射以观德"。

　　古代学校中教射箭方法为"五射"教学法。其中包括白矢、参连、剡注、襄尺、井仪等技艺。我国古代，人们学习射箭时，通常都会左手持弓，右手勾弦，头部自然转向靶面，眼睛平视前方，两臂举起，高度一般以使拉弓臂在眼睛水平面上为宜，弓与地面垂直，这也是学习射艺最基础的动作之一。

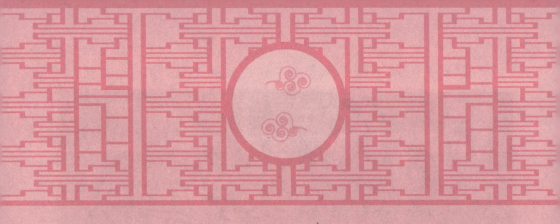

射艺的教学与礼射教育

传说在我国远古的时候，天上10个太阳齐出，烈焰焦烤，江河干涸，大地龟裂，草木枯死，百姓遭受空前的灾难。

于是，玉帝派遣天神大羿下凡，赐给他"彤弓素矢"，让大羿下凡为民除害。大羿下凡之后，他每日勤加苦练射箭的技巧，并且他从射箭中悟出了白矢、参连、剡注、襄尺、井仪等技艺。最终大羿的射

艺已经可以说是百发百中，天下无敌了。

等到大羿练好了射箭之术，他面对苍穹，弯弓搭箭，一口气射落了9个太阳，吓得最小的那个太阳战栗着躲进了扶桑木的浓阴里。

后来，后羿又一鼓作气，他射中了河伯之目、风伯之膝以及其他危害百姓的妖怪恶兽，真真正正为民除了害。大地又恢复了生机，百姓又能安居乐业。

人们为了纪念大羿，将他当年射日的事迹代代相传，并且苦练大羿当年的射术，还根据大羿所悟出来的白矢、参连、剡注、襄尺、井仪等技艺，设定了这六种技艺为射艺的六科。

其实，大羿射日只是一个传说，不过这个传说也证明了我国很早便有了射箭这一门技艺。据古书记载，远在3600多年前的夏代就有了"序"。而"序"就是古人教学射箭和训练武士射箭的专门学校。

在殷墟遗址的发掘中，考古工作者发现有骑射的遗迹，证明商代后期便出现了骑射。商代后期，出现了威力很大的战车。战车上包括三名战士，其中就有一名在车左边持弓箭的弓手。

商代学校有"教"、"痒"等几种类型，教学内容中重要的射箭课，就模拟当时战场上作战方式，可见商朝极为重视对贵族青少年的射箭训练。

西周时期，射箭也是当时重要的教育内容之一。男人自打童年起就开始普遍学习射箭，射艺也成了男子本领大小的象征，被称为"男子之事"。

周代的男子以不会射箭为耻辱，因此周代射艺的教学是非常普遍的。根据西汉著名学者戴德所著的《礼记·射义》中记载，周代人们家中生了男孩，家主就要用"桑弧蓬矢六、射天地四方"。《礼记·射义》强调射箭教育的重要性，原文是这样记载的：

内志正，体外直，然后持弓矢省固；持弓矢省固，然后可以言中，其容体比于礼，其节比于乐。

这说明了周代的射箭教育除了强身健体、增强武艺外，还是培养人品质和素质的良好手段。

根据古籍《礼记·月令》中记载：

孟冬之月，天子乃命将帅讲武，习射、御、角力。

这说明当时对于包括射箭在内的武艺教育是极为重视的。

西周的学校以礼、乐、射、御、书、数六艺为教学内容，并根据年龄的差别，规定不同的内容。

周代学校中教射箭的方法为"五射"教学法。其中便包括了白矢、参连、剡注、襄尺、井仪等技艺。

白矢，就是要求学生射箭必须射穿箭靶，能够看见箭镞。

参连，就是连珠箭，要求学生必须三箭连发。

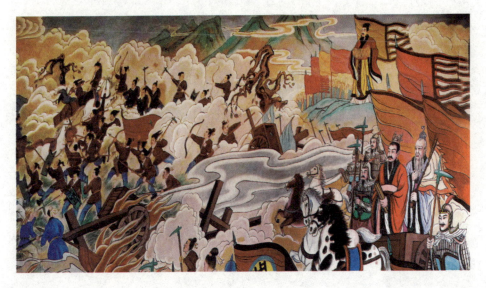

剡注，就是水平箭，要求学生的箭直插于箭靶之上襄尺，"襄"是平的意思，"尺"指前臂。襄尺就是要求学生在射箭时，前臂要平，肘上可以放一杯水。

井仪，意思是学生的四箭必须同时命中箭靶，所射的箭要成"井"字形。

这五种射艺的教学法，为后人射箭提供了一定经验。我国古老的射箭教育以此为起点，逐渐形成了一种礼仪教育，这便是后来被称为礼射的仪式了。

礼射是西周尊礼思想和礼制的产物，因有礼仪程序等级的规定，所以被称为礼射。礼射的目的是贯彻尊礼思想和等级制，并通过礼射来考察射箭人的道德行为，也就是"射以观德"。

礼射也有习射练武和学习军事的意义。参加礼射的人必须按严格的礼仪规定行事，以显示出长幼有序、尊卑有礼。

礼射教育分为大射、宾射、燕射和乡射四种，自上而下，按等级排定。射箭时，学生必须按不同的等级进行，用的弓、箭、靶、音乐节拍也都不同，这体现了我国古代明显的等级制观念。

周朝天子有大射之典，凡有祭祖、神之事，就以射箭来选择诸侯贡士中可以参加祭礼的人；宾射是为天子因诸侯来朝，或是诸侯互相朝会而行的礼射；燕射是天子与群臣娱乐、宴饮时举行的礼射；乡射是春秋两季，地方官举行射箭比赛，习礼兼习射，并以射术选拔贤能之人。

即使是大射，天子、诸侯、卿大夫所采用的制度也不同。比如天子用虎靶，诸侯用的是熊靶，卿大夫以下用豹靶。

礼射教育的核心内容是射箭比赛。每次参加的射手为6名，分为3组，每组两人。赛程共有3轮，每轮比赛，每人均射4支箭。

"射"原为西周社会的礼仪之一。是当时学校培养学生的重要内容，具有明显的体育特征。射箭最先是原始狩猎的一种工具，后来演变为健身和教育项目。

春秋时战事纷繁，弓射成为训练士兵素质的军事体育项目。比如魏国的大臣李悝为鼓励民众习射，他曾经制定《习射令》。

骑射是骑马与射箭相结合的项目。骑兵在战国时代的战争中起的作用很大，原因之一就是骑射的威力。

自秦汉以来，历代都重视步射、骑射的教育，这也成为了重要的军事体育训练项目。

比如西汉时期，将专门负责训练射箭的官吏称为"射声校尉"。再如宋代，当时的弩弓是以机械发矢的装置。弩射射程远而准确性大。宋代曾公亮的《武经总要》中列举了多种弩弓，并附有图解。

知识点滴

历史上，对羿有两种传说。一是上古时期射日的英雄羿，也称为大羿，被后人误作"后羿"，其实射日的羿是大羿，而非后羿。二是后羿，是真正的"后羿"，是夏王朝有穷氏国的国君。

根据记载，后羿原为我国古代东夷族的酋长，他带领善射的东夷族部落，起兵攻夏。后来，后羿凭借他的善射，最终代夏为后，所以后人称他为后羿。我国春秋时期著名的学者左丘明在他所著的《左传》中记载："后羿代夏政，恃其射也"。后羿不但善射，他也善于教射，提高了人们的射箭本领。

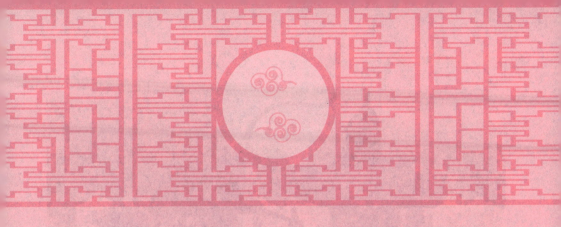

射艺的技巧与学习方法

　　在我国古代，射箭的用途很多，比如战争和田猎等。古代人们在学习射箭时，通常都会左手持弓，右手勾弦，头部自然转向靶面，眼睛平视前方，两臂举起，高度一般以使拉弓臂在眼睛的水平面上为宜，弓与地面垂直。

　　弓箭要成水平并同人们拉弓臂的前臂连成一条直线，两肩自然下沉，调整呼吸，准星对准黄心或黄心垂直线上方的某一个固定位置。

　　我国古代的射箭学习，一般采用的举弓方法有两种。一种被称为"高位举弓"，也就是弓举起后，眼睛、准星和黄心垂直线上方的某一点连成

一条直线。举弓的高度一般与眼睛持平。

这种举弓方法在开弓前两肩能最大限度地舒展放松，背部肌群也能预先拉长放松，对开弓和开弓后的固定姿势都是十分有利的。

此外，还有一种水平举弓法，也就是弓举起后，眼睛、准星和黄心连成一条直线。举弓的高度一般与下颌持平。

古代的射箭学习中，开弓也是极其重要的一环。开弓是指人们借助持弓臂的伸展和拉弓臂肩带内收的力将弓拉开，持弓臂对准靶心直推，拉弓臂在前者的同一延长线上直拉。

开弓的基本要求是在举弓稳定以后，人们利用两肩带肌肉的力量，采用前撑后拉的方法将弓拉开。

开弓的具体方法，是由人们举弓动作来决定的，比如采用高位举弓法的人，在他开弓过程中，眼睛不要离开准星以检查准星是否偏离了黄心的垂直线，在弓弦到位的同时，准星也进入黄心。

采用水平举弓法的人，就必须采用水平开弓的方法。在开弓过程中，除保持两肩沿水平方向用力外，还应保持准星在黄心内。

开弓是射箭基本动作的一个重要环节，拉距要准，准星要准。这也就要求人们在弓开满后，准星应该瞄入黄心，不能进行第二次移动瞄准。

古人在学射艺时，开弓既要做到稳定又要做到果断。要稳定，是指弓举起后要有一个稳定过程。在开弓过程中，也要保持这种稳定状态；要果断，就是要大胆果断地将弓拉开，开弓时思想上没有任何顾虑，古人云"怒气开弓"，也有这方面的含义。

另外，在开弓时要保持最初站立时的身体位置。这便是射艺中非常重要的靠弦了。靠弦是具有一定的学习方法的，这就需要人们用颌下来定位了。

靠弦的基本要求是：拇指自然弯曲指向掌心，食指靠在颌下面，弓弦对正鼻、嘴和下巴的中央。

除了传统的正向靠弦外，还有一种侧向定位的靠弦法，它的基本要求与颌下定位法相同，只是开弓后弓弦靠在嘴右角处。

这种靠弦方法带有一定的补偿性质，一般用于前臂较短的人。采

用这种方法，可以加大锁骨和肱骨的角度，使前臂的纵轴更接近于射箭面，从而有利于后背肌群的用力。

射箭的基本姿势做好以后，总的是要求就是：身体端正，体重平均落于两脚之上；然后塌肩舒胸，动作层次清楚，左右用力对称。整个动作自然轻松，稳定持久。

古人对射箭姿势的学习要求是：

身法亦当正直，勿缩颈、勿露臂、勿弯腰、勿前探、勿后仰、勿挺胸，此为要旨，即尽善矣。身端体直，用力平和，拈弓得法，架箭从容，前推后走，弓满式成。

在我国先秦时期，善射者都很重视基本姿势和动作的训练，因为它是提高射击技术的基础，这个基础打得越牢固、合理、轻松、自然，就能越长时间地保持工作能力，随心所欲地去完成后面各环节的动作。

知识点滴

古代射艺学习中，靠弦动作结束的同时，也就是射箭基本姿势形成之时。这时最大的特点是各部分动作必须按技术规格要求完全就绪。因为靠弦动作的结束，接着又进入了一个新的更重要的阶段，所以靠弦动作一定要到位，否则会给下一步的动作带来破坏和干扰。

如果人们学习靠弦的动作到位了，那么射艺的基本姿势就形成了，这是学习射箭基本技术中最重要的一环，也是学习射好一支箭的基础。

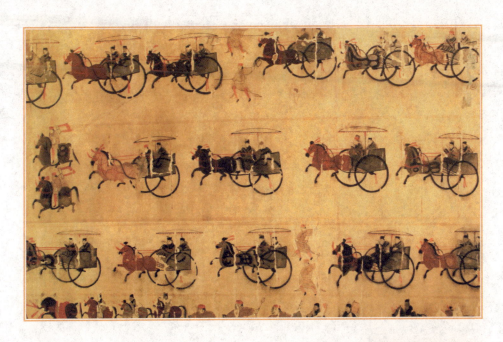

六艺之御

在我国古代驾驭技术的教育中，包含许多御车运动技术因素。因为古代作战要使用车马，所以古人必须掌握驾车驭马的本领。

早在我国周代的六艺教育中，就有了专门教习驭马驾车的内容，出现了一项独特的教育活动，也就是御术教育。根据古籍《周礼·地官·保氏》中记载，我国早期的御术有五种，也就是被称为御艺五科的鸣和鸾、逐水曲、舞交衢、过君表、逐禽左。

古代御术教学与御艺内容

春秋中期，有一次晋国和郑国两军交战，在战斗当中，晋国将领韩厥追赶郑国国君所乘的战车。可能是战马受惊了，郑国国君的战车突然转向，向韩厥这个方向跑了过来。

韩厥想起了平日里学校所教的御艺，深感不安。他慌忙下车，脱下头盔，低头跪倒在一边，毕恭毕敬地让郑国国君的战车驰过。

因为韩厥在平日所受的御术教育中，知道有些军礼和御礼是必须要遵守的。比如一方大将遇到另一方的国君，

不仅不能追赶，还要像对待自己的国君一样执君臣大礼。

其实，在我国古代驾驭技术的教育中，还包含了许多御车运动的技术因素。因为古代作战要使用车马，所以古人就必须掌握驾车驭马的本领。

周代六艺中教习驭马驾车的内容，根据古籍《周礼·地官·保氏》中记载，共有五种，即：鸣和鸾、逐水曲、舞交衢、过君表、逐禽左。

鸣和鸾，是指挂在马车轼木上的和铃与挂在衡木上的鸾铃，在驭手驾马行车之时，和铃与鸾铃发出轻快而有节奏的振荡声。铃声不乱，表明驾车马的步伐整齐轻快，说明驭手控马有方，驾车术高明。鸣和鸾是驾车的入门课程。

逐水曲，是指驭手驾车能适应复杂危险的地形。河流弯曲多变，驾车傍水流而行，路势屈曲，驭人要能得心应手地控驾车马，使之快

速前进，而又不至于陷入水淖，这就必须具备高超的驾驭技术。逐水曲训练御者在路面情况糟糕时的控制车的能力。

过君表，"君表"即标示国君位置之旗帜。国君在会见诸侯、出兵征伐，或者组织打猎时，其所在的位置都有旗帜加以标示。过君表就是指御者驾车经过"君表"时，向国君行礼致敬。过君表是培养驾驭手立身做人的品德。车滚马腾，飞奔驰骋，人之情性容易浮躁不端，就是要让驾驭手不能丧失基本的礼节和品德。

为了训练这种能力，教学中常常择地放置一些石墩为障碍物，马车驶过时，车头两边与石墩的间隙只有五寸，车手要恰到好处从中经过。显然这是要训练车手的心理素质和准确的估算能力。

舞交衢，"交衢"是指十字街口，也就是驾驭手驾车穿街过巷，车辆相汇，人流相交，车人相傍，穿梭前行，如入无人之境，但又不能横穿乱撞，似乎跟正在舞蹈一般，很有节奏。舞交衢带有表演成熟车技的味道，应该是展现综合能力的课程。

逐禽左，是驾驭技术的最高境界，也就是驭手驾车在田猎、征战中，要尽可能把猎兽鸟禽乃至步行奔走的敌人驱赶到车马的左方，好让车上的弓箭手开弓射物达到最佳角度，这是古代田猎和实战的需要。逐禽左应该是实战训练了。御术教学不仅培养了礼仪意识，还训练出了具有实战意义的技能。

我们常见有些兵书中提到的"常山之阵"，"击其头，则尾应，击其尾，则头应，击其中，则首尾皆应。"这些都是后来发展的，在西周或春秋中前期，这些还不是很流行。

此外，西周和春秋中前期打仗还是按照"军礼"进行的，即双方约定时间地点，然后各自摆开车阵，鸣鼓冲杀。一场战斗结束之后，便各自收兵。战斗的结束似乎也就意味着战争的结束，并不像后世一场战争包括很多次战斗。显而易见，在这个过程中，御术教育也在发挥着作用。

在我国古代六艺之中，与射密切相关的是"御艺"了，御也就是驾车。车据说是黄帝发明的，他看到天上旋转的蓬草，于是就想到发明车以节省人力，随之车却被用来打仗。早在西周之前的夏商两代，车就已经成了战争的主要工具了，西周时期，战车的地位变得更加重要了。

古代的战车都是单辕驾车，变换方向有一定的难度，四匹挽马全靠御手立姿以缰绳控制，没有专门的训练，难以适应作战的要求。古人专门针对这个难题，开设了一些科目来熟练驾驭技术。

知识点滴

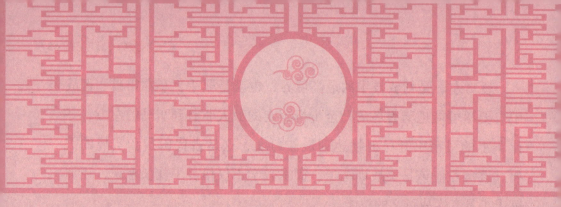

古代战争中的御艺学习

随着对战争的研究逐渐加深，战争中的御艺理论也在不断涌现，同样在驾车技术层面上也不断有新的突破。

在驾车技术和教学上，诸子百家中的墨家具有很高的水准。墨子在我国科技史上应算是首屈一指的大家，传说他曾经造了一个会飞的木鸟，在空中飞行了3天。

御艺理论的出现，受到了战车发展的推动。先秦时期是一个离不开车的时代，驾车的技巧因此成了君子们的必修课。六艺中的御艺便是教授给君子们从日常行驶到特技表演等诸多驾驶技巧。那时候，一个驾车经验老到的驭手可以在很多场合派上大用场，小到上司的日常出行，大到国家的外交与战争。

西周时期的战争是以战车为中心装备起来的。虽然战车提高了部队的机动性，但那个时候还是以整体战阵作战为主，因此战阵推进的速度并不是很快，为保持整齐的阵形，更不能任意弛逐。

到了秦汉时期，由于马车在社会上还起着较大的作用，因而驾驭之术一直受到人们的重视。后来，随着骑术作用的逐渐扩大，马车的作用日渐削弱，御术教学也在魏晋以后失去了其存在的意义。

在早期历史中，战车的形制是统一的，后来根据功能的不同，才

将战车分为轻车和革车，前者灵活性较好，用于战场冲杀，后者则用来运输辎重，并带有防御的功能，必要时能够连接构成车阵阻断敌人。后世轻车的地位慢慢衰落，并逐渐在战场消失，而用来运输辎重的革车却长存未绝。

一般来说，古代每辆战车有3个甲士，他们都是贵族子弟。除此之外，战车后边还配备有步卒，他们则要比贵族低一级，一般是临时征调的"国人"或者贵族的家奴。

步卒的数量在不同时期，情况不同，有配备25人的，有配备75人的，后来楚国还配备过100人的。一套战车叫作"乘"，春秋战国时期常说的"千乘"、"万乘"，也就是是以战车的单位来计算军事实力。

在实战中，还要配置一定数量的步卒于战车之间的空隙地带，以弥补战车侧后的薄弱环节。步卒以5人为一伍。5人相互熟悉，是一个小的团队。

古代的车战是王公贵族礼仪文化的产物，春秋时代是车战大规模运用的时代，因为那个时候打仗，一来规模较之后世要小得多。二是战车对阵也是按照一定的程式进行，不像后来的战争，兵不厌诈，千里偷袭，不告而战。

当时主要的战争集中在华北平原地带，战车在防御和速度上有比较优势。后来随着战斗效率的提高以及战场范围的扩大，地域因素变得更为复杂，行军速度上要求也更高，于是就改用骑兵与步兵作战。

其实，在春秋时期，中原的晋国在争霸战中仍然使用战车作战，这也要求了那时期的人们必须熟悉驾驭之术，因而御艺的教学也是非常普及的。

由于战车的发展，人们开始广泛学习御艺，这也是自然而然的事情。这些御艺又与西周礼乐思想密切相关，可以看成是治国理论的一

部分。在理论上则是《司马法》和后来的《孙子兵法》、《吴子兵法》等。这都是大家相当熟悉的兵书。

古代的兵法家中也不乏专门研究过战车的阵法，比如战国时期的《孙膑兵法·十阵》中便详细解说了圆阵、方阵、疏阵、数阵、锥行之阵、雁行之阵、钩行之阵、玄襄之阵、火阵、水阵这十阵的形制和优点。由此可见，古人对御艺还是相当重视的。

知识点滴

孙武是春秋时期吴国将领。著名军事家、政治家。曾率领吴国军队大破楚国军队，占领了楚的国都郢城，几灭亡楚国。其著有巨作《孙子兵法》。被后世誉为"兵圣"。据说他在到吴国时，适逢公子光政变。吴光即位后，伍子胥听说其才能，向吴王推荐。孙武就带着自己的13篇兵学著作晋见吴王，获得重用。

晚至唐代，流传的孙子兵法共3卷，其中13篇为上卷，还有中、下两卷。注家杜牧认为，曹操将82篇孙子兵法删节为13篇；但其他注家认为13篇出自孙子本人，不是曹操删节的结果，是由孙武草创，后经其弟子整理成书。

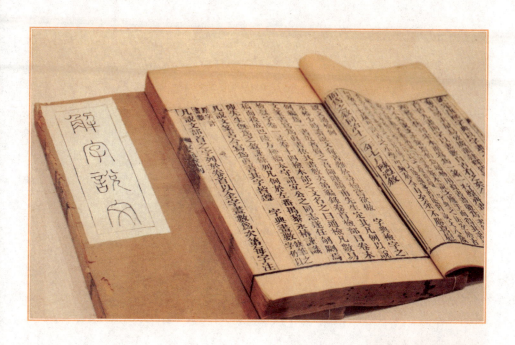

六艺之书

　　书艺是我国古代"六艺"之一，包括六科，分别是：象形、指事、会意、转注、谐声、假借。

　　书艺中的会意，是为了补救象形和指事的局限而创造出来的造字方法。另外，指事字和象形字不同。象形字是一个独体实物的形象，指事字是在独体实物形象上加指事符号，或者是纯粹的抽象符号。象形字的特点是"指点"，一般可以单独画出来的。指事字所表示的东西是抽象的，或者虽不抽象，却是局部的，不便单独表示出来的。

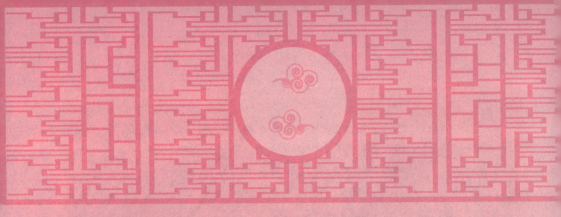

书艺教学中的转注与假借

北宋时期，著名文豪苏东坡去金山寺看望佛印和尚，他走近禅房便闻到一股酒肉香味。

原来，这个佛印是不戒酒和肉的，他性情放荡不羁，诙谐幽默。这天，他把一条黑狗杀掉了，自己静悄悄地躲在房里低斟浅酌，大快朵颐。

正当佛印吃得起劲的时候，突然听到苏东坡的叫声，便慌忙把酒肉藏了起来。

苏东坡早就看在眼里，他却佯作不知，想和佛印开个玩笑。便对佛印说："我今天写了一首诗，有两个字一时想不起来是怎样写的，所以特来请大师指点。"

佛印说："不敢，不敢！请问是哪两字？"

苏东坡说："一个是'犬'字，一个是'吠'字。"

佛印哈哈大笑说："学士，你真会寻开心，小僧以为是什么疑难字，这个'犬'字的写法是'一人一点'嘛！"

苏东坡又问："那么'吠'字呢？"

佛印回答道；"犬字旁边加个'口'就是'吠'了！"

苏东坡听罢也哈哈大笑说："既然如此，那你快把藏起来的酒与肉端出来，一人一点，加上我这一口来吃吧！"说罢，两个朋友不由相视而笑。

还有一次，苏东坡正在自家书房里吃饭，桌上摆上了一大盘香喷喷的鲜鱼，他拿起筷子刚要吃，忽然发现佛印和尚来了。

苏东坡想："好你个赶饭和尚，口福倒不浅。上次你把狗肉藏起来，亏我妙语出唇，方逼出你的狗肉，这回我也要难为难为你。"想到

造字方法	甲骨文	小篆	释字
象形			日
			月
指事			上
			下
会意			集
			伐
形声			洛河
			河
假借			自我
			我
转注			老、考

这，苏东坡赶忙把鱼藏在书架上面。

佛印在门外早看见了苏东坡的藏鱼举动，也佯装不知，慢悠悠地走进屋里。

苏东坡笑嘻嘻地招呼佛印坐下，问道："大和尚不在寺院念经，到舍间何事？"

佛印于是一本正经地说："有一个字不会写，特来求教。"

苏东坡问："但不知何字？"

佛印笑着说到："就是贵姓'苏'字。"

苏东坡一听，便知佛印要开玩笑，但却装着认真的样子说："苏字是上边一个草字头，下边左面一个'鱼'，右面一个'禾'。"

佛印假装糊涂地问"'鱼'放在右面，'禾'放在左面，行吗？"

苏东坡说："这也行。"

佛印接着说："那'鱼'放在上面呢？"

苏东坡忙道："哪有这样的放法，当然不行啊！"

佛印哈哈大笑说："既然'鱼'放在上面不行，那就赶快拿下来一起吃吧！"

苏东坡这才恍然大悟，明白自己中了佛印和尚的圈套，笑着把鲜鱼端了下来，与老朋友同进午餐。

苏东坡和佛印二人以字谜互戏，这其中包含了许多汉字知识。汉字是"形、音、义"的结合体，大多数汉字是由形旁和声旁组成的，比如佛印说的"苏"字等。而我国古代"六艺"中的书艺，也就是识字了，书艺无可争议地成为古代"六艺"基础课中的基础课。

古书中说到六艺时，常常提到的"六书"教育。也就是指六种制造汉字的方法，即：象形、指事、会意、形声、转注、假借。汉代学者把汉字的构成和使用方式归纳成六种类型，总称"六书"。

书艺教学中的转注字，是说音和义相近的字。转注字是怎么回事，历来的说法不一。汉代著名学者许慎在他所著的《说文解字·叙》中给它下的定义，原文是：

　　　　建类一首，同意相授，考、老是也。

"建类一首"是说转注出来的字和本字属于同一个部首，"同意相授"是说，转注字和本字意义相同，从"考、老"的举例可见，转注字和本字声音相近。形似、义同、音近，这就是转注的条件。

文字是记录语言的符号，而语言是发展变

化的。一个词，读音变化了，或者各地方音不同，为了在字形上反映这种变化或不同，因而给本字加注或改换声符，这就是转注字。

古代人在教书艺时，一定会先教汉字的六种造字方法，而这六种方法中，转注字则是最基础的教材。除了转注字意外，还有假借字也是古人教书艺的必教之法。

书艺教学中的假借字，人们在使用它的时候已经形成了某种习惯。例如"请柬"的"柬"字，它是"简"的假借字。

简就是竹简，古人将字写在竹简上，所以把请帖称作"简"，但偏偏不写"简"字，而要写另一个同音字"柬"，这样成了习惯，谁要是写上本应该写的"简"字，那反倒是错别字了。

古人在教书艺时，通常都会举"柬"这个例子，"柬"本来的意思是选择，就是后代的"拣"字，但选择的意思，古籍中多用"简"字。比如三国时期蜀汉的丞相诸葛亮在他所写的《出师表》中记载：

侍中侍郎郭攸之、费祎、董允，此皆忠良……是以先帝简拔。

简拔，也就是柬拔和选拔的意思。官吏有待任、简任、荐任等。单

纯从字义上讲，简实为
选拔任命的意思。因
此，柬和简是属于互相
借用的字。正如汉代
学者许慎在《说文解
字·叙》中说：

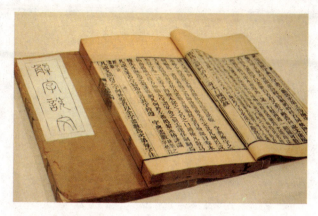

假借者，本无其字，依声托事，"令""长"是也。

还有，古代的假借字"同音代替"是以古音来说的，由于历史音
变，有些通假字与本字，已经不同音了。

汉字假借的办法，再往前一步，就成为表音文字了，比如"戛然
而止"，转而走向了以形声为主导的表意又表音的文字体系。不过，
这是历史的选择，这种选择有其必然的原因。

晚清时期，我国某地公园中飞来两只白天鹅，有好事者以
猎枪击毙其中一只，另一只也哀伤而死。当时某地报纸在报道
此事时用了这样的话："另一只天鹅也伤心地喋血而死。"

喋血云云，使人啼笑皆非。"喋"是"蹀"的假借字，
指"踩"，喋血，脚踩着血迹，意思是血流得很多。出自史书
《汉书·文帝纪》；"今已诛诸吕，新喋血京师。"记载的是
汉初清除吕后势力。一只天鹅哀伤而死，其实并无喋血可言。

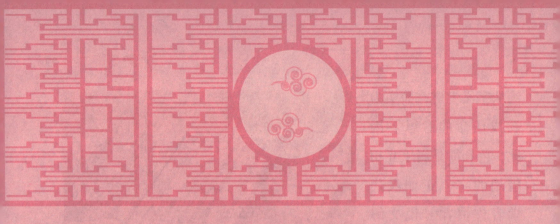

造字法学习与象形会意

古人在学书艺时，必须要掌握汉字造字法，只是后来的汉字造字法，除了假借字和转注字外，还进行了发展。

所以，学书艺的人必须知道，这是由表形到表意，再趋向于表音的3个阶段，最后是形声制文字的确立。

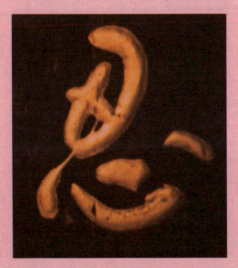

形声的"形"也就是"形旁"。"形旁"也叫"形符"或者"意符"。"声"也就是声旁，也叫"声符"或者"音符"。

形声字是由"形"和"声"两部分组成的。形旁表示形声字的意义是属于哪一类的，它是形声字的表意成分；声旁表示这个形声字该怎么读，它是形声字的表音成分。

比如，"一唱一和"的"和"，"口"是形旁，表示"和"的动作；"禾"是声旁，表示"和"的读音。

又如，"忍耐"的"忍"字，"心"是形旁，表示"忍"属于心理活动；"刃"是声旁，表示"忍"的读音。

还有，纯表意的象形字、指事字和会意字就是它的造字素材。汉字形旁的来源主要是象形字，比如"口、心、衣"等；声旁的来源主要是象形字、指事字和会意字等。

形声字有两大优点。第一，它有表声成分；第二，它的造字方法简单。

语言里的字是"声音意义"的结合体，选择一个同音或近音字作声旁，再配上一个合适的形旁，就可以造出一个新字来。

这种方法是很简便的，而且同一个声旁加不同的形旁，同一个形旁加不同的声旁，就是不同的字。

例如，用"方"做声旁，配上不同的形旁，就是"访、防、芳、放"等等；用"木"作形旁，配上不同的声旁，就是"柏、机、枪、枫、架"等。

形声字的形旁在另一些字里还可以做声旁，例如"山"，在"屿、峰、岐、峙、岖"诸字中，它是形旁；在"汕、讪、仙"诸字中，它是声旁。

再比如"土"字，在"场、坦、埂、城、堡"诸字中，它是形旁；在"吐、肚、杜、牡、徒"诸字中，它是声旁。

原有的形声字还可以用作声旁，组成新的形声字。例如"召"字

从"口"、"刀"声,"景"字从"日"、"京"声,等等,它们都是形声字。以这些形声字为声旁,再加上个形旁,又是新的形声字"招"、"影"。

同样的形旁和声旁,还可以通过部位的变换产生新的形声字。形声字成为汉字发展的主流,后代造字大都属于形声字。

由于人类社会的不断发展,语言的内容越来越为丰富,原来的文字为适应语言的发展,需要创制和增加大量的新字。但由于象形、指事、会意等三种造字方法都有着很大的局限性,而形声字则是创造新字的一个很好形式,于是,形声字应运而大量产生。

比方说,一个"湘"字,看字的右半边"相",可以知道它的读音,看字的左半边知道它的意义跟水有关,是水的名称。乍看起来,这种"识字认半边"的方法还挺方便,可以推而广之了。

汉字从古到今,无论字形、字音、字义,都有了很大的变化,这些变化绝不是三言两语能说清楚的,必须用文字学、音韵学、训诂学的专门理论来作科学的解说。

事实上,使用汉字的人不可能都是文字学家、音韵学家、训诂学家。因此,对于学书艺的人来说,读汉字的半边,不一定能读出正确的字音来,望另外半边,也不一定能望出真正的字义来。

用符号表示意思的指事字并不是万能的,有时表达得很不清楚。于是,古人又想出了一个造字的办法,也就是会意字。

会意字是另一种造字方法,是用符号表示指事字,有时表达得不清楚，于是古人就把两个或两个以上的实物形体会合起来，从它们的联系或配合上表示出一种新的，通常是抽象的意义。这种造字办法便叫会意了。

许多会意字是很有趣的，这透射出了我国先民们丰富的联想和率真的性情。这也是后世文人墨客以字做游戏的基础。

会意字是把两个或两个以上的实物形体会合起来，从它们的联系或配合上表示出一种新的，通常是抽象的意义。

例如，把"日"和"月"合在一起，造成一个光明的"明"；把"鸟"和"口"合在一起造成一个鸟叫的"鸣"；把"刀"、"牛"、"角"3个字合在一起，造成了一个解剖的"解"字。

有些会意字的字素，看起来不像是一个字，倒像个符号，其实是个古字的变形，现在我们叫它偏旁或部首。

例如"家"字，上半部分古时写的是屋子的象形。下边的"豕"就是猪，不过古时候，人和猪常住在一个屋子里，所以有猪的地方就常有人家。

会意是为了补救象形和指事的局限而创造出来的造字方法。但是和象形、指事相比，会意法具有明显的优越性：第一，它可以表示很多抽象的意义；第二，它的造字功能强。

有些会意字，它的造字之意颇能反映古人的某些概念，比如"盗"字，上半部分

"次"，表示张口流出口水之意，下部分是"皿"，指盛食物的器皿。

"盗"也就是古代的偷字。如何用文字来表示偷的意思呢？古人用"次"、"皿"二字来表示，也就是说，好吃的东西是偷的对象，这是一种颇为特殊的联想。

由此可见，古人造字时表情达意，十分大胆率真，也颇具幽默感。

会意字有两类，一类是异体会意，另一类是同体会意。异体会意字是由两个或两个以上不同形体的字组合而成。例如莫、盥、典、鸣、休、焚、取、伐、跌、忐、忑等字。

同体会意字是由两个或两个以上相同形体的字组合而成。例如林、森、晶、舜、颓、双、多、哥、从、比、赫、棘、众、磊等字。

当然，有些会意字是两个或几个同样的字素重叠组成的。二字重叠的多是左右的并列结构，三字重叠的多是塔形的上下结构，看起来像体操活动中的叠罗汉。

比如3个"人"组成"众"；3个"火"组成"焱"；3个"木"组成"森"；3个"日"组成"晶"；3个"直"组成"矗"；3个"水"组成"淼"；3个"口"组成"品"等。

会意字由于字形变化太大，现在已看不出它的字源了。例如妇女的"妇"字，为什么在女旁加个横山呢？虽然有相声解释说，这是妇女推翻五座大山得到解放的意思，但这是文字游戏，不是字源分析。

正确的字源分析只能从繁体字"婦"中才能看出。这个"婦"字，左边的"女"旁指妇女，女旁的"帚"是扫帚，前后合在一起的意思是，妇女拿着扫帚在家里劳动。

其实，"女、帚为婦"和"力、田为男"是符合当时的"女内男外"、"男耕女织"的社会情况的。

再比方说，东西南北的"东"字的字源，也只能从繁体字中才能分析出来。这类不容易看出字源的字相当多，人们叫做"破体字"。

会意字是合体字，会意的方法比象形、指事具有明显的优越性。会意突破了象形和指事的某些局限。可是它本身的局限性也很大。首先，它所表示的意义是含混、不确定、不准确的。

比如："莫"是日在草中，表示"日暮"，怎么就不可以理解为"日出东方"？"休"表示"人在树旁休息"，怎么就不可理解为"人在树旁劳动"呢？

在我国古代，人们起名字也很注意字的形旁。传说有个皇帝给自己3个儿子起的名字都有竖心旁，他有个大臣给自己3个儿子起的名字都有"力"旁。

一天，皇帝问这个大臣儿子名字，大臣回答。皇帝听后说："我儿子的名字都有竖心旁，你儿子的名字都有'力'旁，正说明我们两个人的关系啊！"大臣为了讨好皇帝，补充说："您说得很对啊！古人还说高尚的人用心，下贱的人才用力呢！"

古代算命的方式很多，其中之一是测字。测字也叫拆字，就是把一个汉字拆成几部分，然后加以解释，预测吉凶。

传说清乾隆皇帝喜欢微服私访，也就是他穿上平民的服装去了解社会情况。一次，乾隆在江南苏州看见有个算命先生在给人测字，他就让跟随的老太监去试一试。

老太监看了看身上的帛衣，就写了个"帛"字，测字先生说："'帛'字，上面是'白'，下面是'巾'，'白巾'是办丧事用的。你家里恐怕有人要出事了。"

正巧这位老太监的父亲最近得了重病，老太监一听，心里很不高兴，全身直冒冷汗。乾隆心想，这个算命先生还测得挺准，让我来考他一下。

乾隆故意也写了一个"帛"字，让他去测。测字先生把乾隆从头到脚打量了一番，连忙鞠躬行礼说"先生大富大贵呀！"

乾隆问测字先生是怎么知道的，测字先生指着"帛"字说："上头是个'白'字，皇帝的'皇'字上头也是个'白'字，'帛'字下边是个'巾'字，皇帝的'帝'字下面也是'巾'字，所以'帛'字是'皇头帝脚'，您有天子之命啊！"

乾隆一听哈哈大笑，十分开心，他就命令随从赏了测字先生一锭银子。

测字先生拿到一锭大银，心花怒放，因为这比他平时几个月的收人还多。晚上，他高兴地讲给老婆听，老婆听了疑惑地问他："为什么同一个字，你有两种说法呢？"

测字先生告诉老婆，"第一个人年纪大，面带愁容，我估计他家里多半有了丧事；第二个人年纪轻，却气度不凡，第一个人穿得讲究，却好像他的仆人，我想这个年轻人肯定来头不小，所以就拣好听的说，让他高兴高兴，果然就赏了我一锭大银。"

看来，测字先生不仅要精通文字学的知识，更要会察言观色。

学书艺的人，一定要注意偏旁或部首的位置，否则就会出错了。比如"明"字和"胆"字中的"月"字，一个在右，一个在左；"翡翠"二字中的"羽"字，一个在下，一个在上。

有趣的是，有些字的偏旁部首位置交换以后就成了另外的字。如"陪"与"部"，"旮"与"旯"，而如果把"日"移到"九"的尾巴上，就又得到了一个新字"旭"了。

当然，像"一、二、三"这样的字和"上"、"下"等字，都是象形字加象征性符号。如表示树根的"本"，表示树梢"末"，表示刀锋的"刃"等。

"刃"字，甲骨文是一个"刀"的象形字，在表示刀的刃口的地方加上一个点，指出这里是刀刃。这一个点就是指示符号，因而构成了"刃"字。

指事字和象形字不同，

象形字是一个独体实物形象；指事字是在独体实物形象上加指事符号，或者是纯粹的抽象符号。

象形字的特点是"指点"，一般可以单独画出来的；指事字所表示的东西是抽象的，或者虽不抽象，却是局部的，不便单独表示出来的。用简单的符号表示抽象的、复杂的、不能象形的意义，终究是比较困难的。

其实，真正抽象的意义，既然无形可象，也就难以"指点"出来。例如"休息"的"休"，"忍耐"的"忍"，这些"事"怎么"指"？所以，汉字里指事字比象形字还少。自汉代以后，基本上没有再造指事字了。

象形字为数不多，却是汉字造字的基础，后来的合体字有相当一部分是用象形字构成的。

由于汉字的字形变化是渐进的，十分有趣的是，至今许多汉字还留有象形的尾，仔细琢磨就可以看出它的原形来。

比如"乌"与"鸟"字相比，正好切去鸟头上表示眼睛的一短横。画鸟不点睛，这是为什么？其实古人在造字时，对于象形字，需要抓住形象的特征。乌通体黑色，乌的黑眼睛因和羽毛的颜色相同，看上去就不分明了。所以"鸟"字点睛，"乌"则不见其睛了。

据说在南北朝时，有一位画家张僧繇，在墙上画了四条龙。后来经人多次要求，他就给其中两条画了眼睛，这两条龙便腾飞升天了。成语"画龙点睛"即来源于此。

"乌"字耐人寻味，恰在这不点睛上。以上所述虽然是两件事，但道理是一样的。据说，小乌雏出生后，其母要喂养它60天，待羽毛丰满可以独立觅食时，它要叼食60天报养其母，这叫作反哺。

还有，乌是一种喜欢群居的鸟类，它们在田野中生活。有这样的一故事。据说在春秋时代郑国和楚国交战，楚国在夜里偷偷撤了兵，故意留下军帐没有拆除，以便迷惑郑军。

郑国并不了解楚军的底细。这时郑军中有个士兵远远瞭望一下，便肯定地说楚军撤走了。别人问他："楚国的军帐尚在，何以见得楚军退走了？"

他说："楚军帐幕上落满了乌鸦，如军队尚在，是不可能有这种现象的。"由此可见，古人对乌的生活习性观察得何等细微。

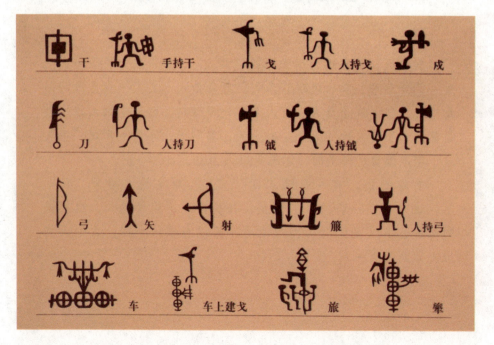

汉字里象形字不多。《说文解字》里象形字只有364个。汉代以后，1000多年来只造了"伞、凹、凸"等少数几个象形字，后来已经不再用这种方法造字了。

虽然象形字为数不多，它却是汉字造字的基础，后来的合体字有相当一部分是用象形字构成的。因此，从字源上了解象形字的形、义、音，可以帮助我们掌握一大批汉字的字义和读音。

经过长期变化，很多象形字都变得不象形了。可是，汉字从产生到现在还没有发生文字体系的大变动，在同一文字体系中，字形的变化是渐进的。因此，有些汉字还留着一条象形的尾巴。

古老的象形字是一种表形的文字。"象物之形"，这种方法具有很大的局限性。且不说抽象的意义无形可象，就是具体的东西，也不是都可以"象形"出来的。用这种方法构造汉字没法满足记录语言的需要，汉字由表形向表意发展，于是指事字和会意字应运而生了。

知识点滴

武则天14岁被选为唐太宗的"才人"，后来成为我国历史上唯一的女皇帝，前后执政40多年。皇帝是人上之人，女皇帝又是女中之杰，可说是奇人。奇人名字也很奇特，她取名则天，也就是寓意天下是武氏的天下。武则天，名则天，字曌，据说"曌"这个字是她自己所造的，意思是以天为法，日月当空。

有趣的是，有人曾把"日"、"月"两字改为两个"目"字，说她目空一切，目中无人，狂妄自大，胆大包天，这是民间传说，其实是贬低。因为取名字可以自造一个字，武则天在历史上倒是第一人。

六艺之数

　　我国古代"六艺"中的数艺包括九科，它们分别是：方田、栗布、差分、少广、商功、均输、盈朒、方程、勾股。

　　在我国古代，数学和阴阳风水等活动一起，被归入术数类。它的主要功能除了解决日常的丈量土地、算账收税等实际问题，还要计算天体，推演历法。在这方面，我国古代有着惊人的成就。其中重要的数学成就之一，就是《九章算术》，它是古人研究九个问题的习题集。每道题有问有答有术，有的是一题一术，有的是多题一术，有的则是一题多术。全书九章，涉及的都是现实生活中的实际应用问题。《九章算术》在数艺教育中占有重要地位。

数艺教学内容与勾股定理

　　那是在我国周代初期，周公旦知道大臣商高非常擅长数艺，他便问当时的数学家商高说："我听说你很精通数的艺术。是不是可请您谈谈，古代伏羲是怎样确定天球的度数的？天是没有一种梯子能登攀得上的，地也无法用尺子来测量。因此我很想问问您，这些数字是从哪里来的？"

　　商高回答说道："数的艺术是从圆形和方形开始的。圆形出自方形，而方形则出自矩形。如果假设把一个矩形沿对角线切开，让宽等于3个单位，长等于4个单位。这样，两个对角之间的对角线的长度就等于5个单位。"

商高又说："现在用这条对角线作为边长画一个正方形，再用几个同外面那个半矩形相似的半矩形把这个正方形围起来，形成一个方形盘。这样，外面那四个宽为3、长为4、对角线为5的半矩形，合在一起便构成两个矩形，总面积等于24。然后从方形盘的总面积49减去24，便得到余数25，这种方法成为'积矩'。伏羲所用确定天球度数的方法，就是从这些数字中发展出来的。"

周公感叹说："数艺这门艺术真是了不起啊！我还想再请教关于丁字尺的道理。"

商高回答说："丁字尺又叫直角三角形，如果使一个直角三角形平卧在地上，我们可以用绳子设计出平直的和方形的工程。如果把直角三角形竖立起来，就可以测量高度。倒立的直角三角形可以用来测量深浅，而平放的直角三角形则可用来测出距离。"

商高又说："如果让直角三角形旋转，这样我们便可以画出圆形

了。如果我们把几个直角三角形合在一起，我们就可以得到正方形和长方形。方形属于地，而圆形则属于天，所以天是圆的，而地则是方的。方形的数是标准，从方形的数就可以推出圆形的大小来。"

周公感慨道："对地有所了解的人是聪明人，而对天有所了解的人则是圣人。知识出自直线，而直线则出自直角。因此，直角和数结合起来，就是指导和统治万物的东西。看来数艺真是一门神奇的本事！"

我国古代"六艺"中的数艺，也是君子的必修课之一，数艺包括方田、粟布、差分、少广、商功、均输、盈朒、方程、勾股这九科。

数艺是古代一门基础课目，它的主要功能除了解决日常的丈量土地、算账收税等实际问题，还有就是天文家计算天体，推演历法了。

西周时期，我国数艺并不是学习中的主要内容，它与礼、乐、射、御相比，其所占的比例是十分小的。不仅此时如此，即使在整个知识体系和学术思想中，像数学这样的自然科学也没有清晰的面目，它们通常被划归于古代"数术类"。

　　"数术类"教学是一个很庞杂的门类，它包括很多知识，比如数学、地理、天文等，也包括一些巫术的内容，比如占卜、符瑞、天象、风水等。

　　虽然数艺教学在古时，它的内容和水平有限，但这并不意味着这一门知识不重要或者不发达。相反，我国数艺教学应用却是十分广泛的。

　　按照周礼的规定，周天子要在新年伊始时颁发日历，用以确立农时。所以，历法的制定除了天文观测积累经验外，更多的要靠数学运算。而这个运算过程相当复杂。

　　我国古代有一本《周髀算经》，它是一部以盖天说为中心的天文学著作。《周髀算经》的年代无法准确估算，其上限甚至可以追溯到西周初年，其下限或许可以定在西汉初期，也就是公元前2世纪前期。这本书中涉及很多数学知识，大体上保留了先秦时期的数艺教材。

　　《周髀算经》在数学上的主要成就是介绍了勾股定理及其在测量上的应用以及怎样引用到天文计算。《周髀算经》记载了勾股定理的公式与证明，相传是在商代由商高发现，故又称之为商高定理。

　　在我国先秦的数艺教学中，古人对直角三角形是十分重视的，古

人除了借助它来计算长度距离，还可以用来计算面积，并将圆形也联系起来了。

我国古代的数艺教学中还描述了乘法表，这表明古代的四则运算已经趋于成熟了。甚至是勾股定理在西周时期已经是古人数艺的必修课了。

其实勾股定理中还涉及开方运算，虽然不能得知那个时候普遍意识到开方知识，但是在勾股定理实际运算中肯定要涉及开方的。

知识点滴

勾股定理是一个基本几何定理，是人类早期发现并证明的重要数学定理之一，用代数思想解决几何问题的最重要的工具之一，也是数形结合的纽带之一。我国古人能够总结出勾股这个复杂的定律，这说明他们已经能用勾股定理去解决一些复杂的难题了。无论是在理论上还是经验上，我国古人都已经具有了相当成熟的数学思维。无论是在理论上还是经验上，我国古人都已经具有了相当成熟的数学思维。

我国古代数艺中还隐含了比例问题，比如求天圆的过程中，比例这一点也是必不可少的。另外还包含有大量的分数问题，这说明了我国古人是非常有智慧的。

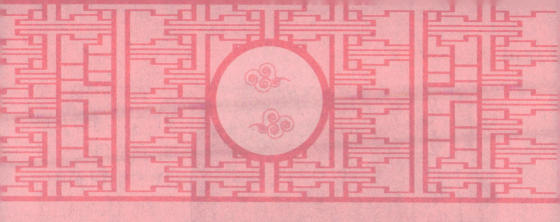

进位制学习与《九章算术》

在我国古代，进位制的问题是跟古代数艺学习密切相关的。进位制学习也是古代数艺的重要科目。

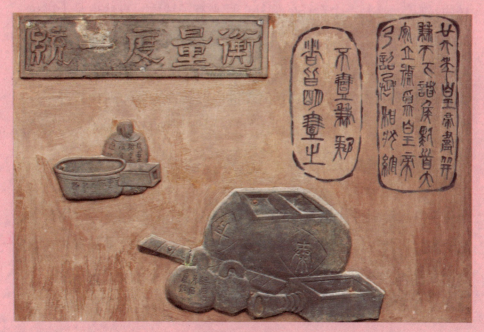

在秦始皇统一度量衡之前，各个诸侯国之间并不统一。当时数艺科目中的进位制是相当复杂的，这也就是为什么在先秦的典籍中有那么多"单位"的原因。

秦统一了度量衡后，度是寸、尺、丈，即10寸1尺，10尺1丈；量是升、斗、石，即10升1斗，10斗1石；衡是钱、两、斤，即10钱1两，但过去16两是1斤。这是一个奇怪的例外。后来有了钱币，自然也是十进位，即10分1角，10角1元。

十进位的意义主要还不表现在这里，而是表现在计数上。凡计数到10，便进一位。然后再到10时又进一位到100。100到10，进一位到1000。1000到10，进一位到1万。然后10万、100万、1000万，始终都是十进位。

其实，我国古代已经运用了十进位，但这个十进位与后来的十进位似乎有点区别。首先在数字的排列上，我国古代数艺中是没有"0"这个数，古代进位是从1至10的。但是在古代数艺系统中却有"零"这个字，只是这个零字并不意味着没有，相反它正是表示还有一点。

《九章算术》是我国流传至今的，最古老的数学经典著作之一，也是我国古代数艺的标准教材。古籍《周礼·保氏》中就说周代的王子们必须要学习"九数"了。

后来东汉末年的经学家郑玄为《九章算术》作注,其内容与《九章算术》的篇名几乎完全相同。郑玄虽然是一个经学家,但他的算学水平绝对是一流的,当时就是因为他曾经帮助他的老师马融解决了一道数学难题,马融才将所有的学问传给了他。

《九章算术》是古代君子的必学之书,它是研究九个数学问题的习题集。每道题有问有答有解决方法,全书共九章,涉及的都是现实生活中的实际应用问题。

第一章讲的是"方田",关于方田共有38个问题和21种解决方

法，主要论述了各种平面图形的地亩面积计算法及分数的运算法则。

其中平面图形有方田、圭田、邪田、箕田、圆田、宛田、弧田、环田的面积算法。除了宛田、弧田采用近似计算法外，其他各种图形的面积算法都是正确无误的。其中的分数运算法则包括约分术、合分术、减分术、课分术、平分术、经分术、乘分术及大广田术等。

第二章讲的是"粟米"，总共46个问题和33个解决方法，主要论述了古代20种谷物、米或饭的兑换比率及四项比例算法。

四项比例算法当时被称为"今有术"，前面31个问题都是用四项比例算法计算的谷物兑换问题，后面15个问题则是以钱买物的问题，再后面15个问题中共列了四个解决方法，也就是经率术、经术术、其率术和反其率术，这四术都是四项比例算法的特殊情况。

第三章说的是"衰分"，总共20个问题和22个解决方法，主要论述的是比例分配，包括质量不一的货物赋税问题，还有算术级数和几何级数方面的其他问题。所有这些问题，都是要用比例法来解决的。

第四章说的是"少广"，总共24个问题和16个解决方法，主要论述的是开平方、开立方的问题。

第五章说的是"商功"，总共28个问题和24个解决方法，主要讨论的是立体图形。比如棱柱、圆柱、棱锥、圆锥、圆台、四面体、楔形的体积测量和计算，所考虑的有墙、城墙、堤防、水道和河流等。

第六章说的是"均输"，总共28个问题和28个解决方法，主要讨论的是如何按照人口多少、路途远近、谷物贵贱平均缴纳、运输赋税或摊派徭役的问题。

第七章说的是"盈不足"，总共20个问题和17个解决方法，主要论述的是盈亏问题的解法。

第八章是方程，总共18个问题和19个解决方法，主要是研究联立线性方程，还用到正数和负数。

第九章是勾股，总共24个问题和22个解决方法，这部分内容，用

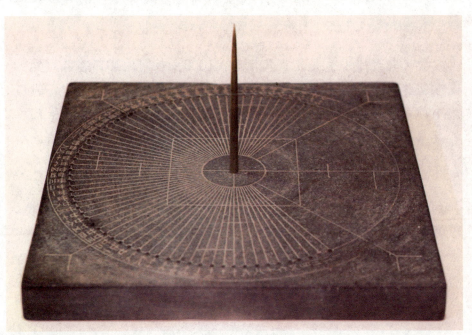

代数方法深入细致地论述了《周髀算经》中已经提到过的直角三角形的性质。

九章合计246个问题和202个解决方法，它涉及社会生产生活的方方面面，而且在解决具体问题的过程中达到非常精微的地步。只是没有一套知识系列，将数学的各种知识系统化。这也是我国古代数艺学习的一大特征。

我国数艺学习还有一个特征，就是比较擅长运用代数来解决问题，即使是几何问题，通常也是要转化为代数问题。

《周髀算经》和《九章算术》都是先秦时期君子的必学教材。而西周时期的那些"国子"们所面对的数学知识面，现代人也就不难想象了。

知识点滴

《算经十书》是指汉代至唐代1000多年间的10部著名的数学著作的总称，它们曾经是不同时期算学科的教科书。这10部书的名称是：《周髀算经》、《九章算术》、《海岛算经》、《张丘建算经》、《夏侯阳算经》、《五经算术》、《辑古算经》、《缀术》、《五曹算经》、《孙子算经》。

在10部算书中，最重要的是《九章算术》，它对古代数学的各个方面全面完整地进行叙述的，在1000多年间被直接用作数学教育的教科书，它对以后我国古代数学发展产生了深远的影响。